O caso Schreber
Observações psicanalíticas
sobre um caso de paranoia
(*dementia paranoides*)
descrito autobiograficamente

Livros de Freud publicados pela **L&PM** EDITORES

Além do princípio de prazer
O caso Schreber – Observações psicanalíticas sobre um caso de paranoia descrito autobiograficamente
Compêndio da psicanálise
Da história de uma neurose infantil [O Homem dos Lobos]
Fragmento de uma análise de histeria [O caso Dora]
Inibição, sintoma e medo
A interpretação dos sonhos
O futuro de uma ilusão
O homem Moisés e a religião monoteísta
O mal-estar na cultura
Psicologia das massas e análise do eu
Sobre a psicopatologia da vida cotidiana
Totem e tabu

L&**PM**CLÁSSICOS**MODERNOS**
O futuro de uma ilusão seguido de *O mal-estar na cultura*

Série Ouro:
A interpretação dos sonhos

Livros relacionados
Freud – Chantal Talagrand e René Major
(**L**&**PM** POCKET Biografias)
A interpretação dos sonhos (MANGÁ)
Sigmund Freud – Paulo Endo e Edson Sousa
(**L**&**PM** POCKET **ENCYCLOPAEDIA**)

Sumário

Itinerário para uma leitura de Freud
Paulo Endo e Edson Sousa 7

Apresentação
O caso Schreber: teorias e delírios
Noemi Moritz Kon e Thiago P. Majolo 17

Observações psicanalíticas sobre um caso de paranoia (*dementia paranoides*) descrito autobiograficamente [O caso Schreber]
[Introdução] 43
I. História clínica 47
II. Tentativas de interpretação 81
III. Sobre o mecanismo paranoico 113
Adendo 139

Bibliografia 143

Colaboradores desta edição 147

Itinerário para uma leitura de Freud

Paulo Endo e Edson Sousa

Freud não é apenas o pai da psicanálise, mas o fundador de uma forma muito particular e inédita de produzir ciência e conhecimento. Ele reinventou o que se sabia sobre a alma humana (a psique), instaurando uma ruptura com toda a tradição do pensamento ocidental, a partir de uma obra em que o pensamento racional, consciente e cartesiano perde seu lugar exclusivo e egrégio. Seus estudos sobre a vida inconsciente, realizados ao longo de toda a sua vasta obra, são hoje referência obrigatória para a ciência e para a filosofia contemporâneas. Sua influência no pensamento ocidental é não só inconteste como não cessa de ampliar seu alcance, dialogando com e influenciando as mais variadas áreas do saber, como a filosofia, as artes, a literatura, a teoria política e as neurociências.

Sigmund Freud (1856-1939) nasceu em Freiberg (atual Příbor), na região da Morávia, hoje parte da República Tcheca, mas àquela época parte do Império Austríaco. Filho de Jacob Freud e de sua terceira esposa, Amália Freud, teve nove irmãos – dois do primeiro casamento do pai e sete do casamento entre seu pai e sua mãe. Sigmund era o filho mais velho de oito irmãos e era sabidamente adorado pela mãe, que o chamava de "meu Sigi de ouro".

O CASO SCHREBER

Em 1860, Jacob Freud, comerciante de lãs, mudou-se com a família para Viena, cidade onde Sigmund Freud residiria até quase o fim da vida, quando teria de se exilar em Londres, fugindo da perseguição nazista. De família pobre, formou-se em medicina em 1882. Devido a sua precária situação financeira, decidiu ingressar imediatamente na clínica médica em vez de se dedicar à pesquisa, uma de suas grandes paixões. À medida que se estabelecia como médico, pôde pensar em propor casamento para Martha Bernays. Casaram-se em 1886 e tiveram seis filhos: Mathilde, Martin, Oliver, Ernst, Sophie e Anna.

Embora o pai tenha lhe transmitido os valores do judaísmo, Freud nunca seguiu as tradições e os costumes religiosos; ao mesmo tempo, nunca deixou de se considerar um judeu. Em algumas ocasiões, atribuiu à sua origem judaica o fato de resistir aos inúmeros ataques que a psicanálise sofreu desde o início (Freud aproximava a hostilidade sofrida pelo povo judeu ao longo da história às críticas virulentas e repetidas que a clínica e a teoria psicanalíticas receberam). A psicanálise surgiu afirmando que o inconsciente e a sexualidade eram campos inexplorados da alma humana, na qual repousava todo um potencial para uma ciência ainda adormecida. Freud assumia, assim, seu propósito de remar contra a maré.

Médico neurologista de formação, foi contra a própria medicina que Freud produziu sua primeira ruptura epistêmica. Isto é: logo percebeu que as pacientes histéricas, afligidas por sintomas físicos sem causa aparente, eram, não raro, tratadas com indiferença médica e negligência no ambiente hospitalar. A histeria pedia, portanto, uma nova inteligibilidade, uma nova ciência.

A característica, muitas vezes espetacular, da sintomatologia das pacientes histéricas de um lado e, de outro, a impotência do saber médico diante desse fenômeno impressionaram o jovem neurologista. Doentes que apresentavam paralisia de membros, mutismo, dores, angústia, convulsões, contraturas, cegueira etc. desafiavam a racionalidade médica, que não encontrava qualquer explicação plausível para tais sintomas e sofrimentos. Freud então se debruçou sobre essas pacientes; porém, desde o princípio buscava as raízes psíquicas do sofrimento histérico e não a explicação neurofisiológica de tal sintomatologia. Procurava dar voz a tais pacientes e ouvir o que tinham a dizer, fazendo uso, no início, da hipnose como técnica de cura.

Em 1895, é publicado o artigo inaugural da psicanálise: *Estudos sobre a histeria*. O texto foi escrito com o médico Josef Breuer (1842-1925), o primeiro parceiro de pesquisa de Freud. Médico vienense respeitado e erudito, Breuer reconhecera em Freud um jovem brilhante e o ajudou durante anos, entre 1882 e 1885, inclusive financeiramente. *Estudos sobre a histeria* é o único material que escreveram juntos e já evidencia o distanciamento intelectual entre ambos. Enquanto Breuer permanecia convicto de que a neurofisiologia daria sustentação ao que ele e Freud já haviam observado na clínica da histeria, Freud, de outro modo, já estava claramente interessado na raiz sexual das psiconeuroses – caminho que perseguiu a partir do método clínico ao reconhecer em todo sintoma psíquico uma espécie de hieróglifo. Escreveu certa vez: "O paciente tem sempre razão. A doença não deve ser para ele um objeto de desprezo, mas, ao contrário, um adversário respeitável, uma parte do seu ser que tem boas razões de existir e que lhe deve permitir obter ensinamentos preciosos para o futuro".

Em 1899, Freud estava às voltas com os fundamentos da clínica e da teoria psicanalíticas. Não era suficiente postular a existência do inconsciente, uma vez que muitos outros antes dele já haviam se referido a esse aspecto desconhecido e pouco frequentado do psiquismo humano. Tratava-se de explicar seu dinamismo e estabelecer as bases de uma clínica que tivesse o inconsciente como núcleo. Há o inconsciente, mas como ter acesso a ele?

Foi nesse mesmo ano que Freud finalizou aquele que é, para muitos, o texto mais importante da história da psicanálise: *A interpretação dos sonhos*. A edição, porém, trazia a data de 1900. Sua ambição e intenção ao usar como data de publicação o ano seguinte era de que esse trabalho figurasse como um dos mais importantes do século XX. De fato, *A interpretação dos sonhos* é hoje um dos mais relevantes textos escritos no referido século, ao lado de *A ética protestante e o "espírito" do capitalismo*, de Max Weber, *Tractatus Logico-Philosophicus*, de Ludwig Wittgenstein, e *Origens do totalitarismo*, de Hannah Arendt.

Nesse texto, Freud propõe uma teoria inovadora do aparelho psíquico, bem como os fundamentos da clínica psicanalítica, única capaz de revelar as formações, tramas e expressões do inconsciente, além da sintomatologia e do sofrimento que correspondem a essas dinâmicas. *A interpretação dos sonhos* revela, portanto, uma investigação extensa e absolutamente inédita sobre o inconsciente. Tudo isso a partir da análise e do estudo dos sonhos, a manifestação psíquica inconsciente por excelência. Porém, seria preciso aguardar um trabalho posterior para que fosse abordado o papel central da sexualidade na formação dos sintomas neuróticos.

Foi um desdobramento necessário e natural para Freud a publicação, em 1905, de *Três ensaios sobre a teoria da sexualidade*. A apresentação plena das suas hipóteses fundamentais sobre o papel da sexualidade na gênese da neurose (já noticiadas nos *Estudos sobre a histeria*) pôde, enfim, vir à luz, com todo o vigor do pensamento freudiano e livre das amarras de sua herança médica e da aliança com Breuer.

A verdadeira descoberta de um método de trabalho capaz de expor o inconsciente, reconhecendo suas determinações e interferindo em seus efeitos, deu-se com o surgimento da clínica psicanalítica. Antes disso, a nascente psicologia experimental alemã, capitaneada por Wilhelm Wundt (1832-1920), esmerava-se em aprofundar exercícios de autoconhecimento e autorreflexão psicológicos denominados de introspeccionismo.

A pergunta óbvia elaborada pela psicanálise era: como podia a autoinvestigação esclarecer algo sobre o psiquismo profundo tendo sido o próprio psiquismo o que ocultou do sujeito suas dores e sofrimentos? Por isso a clínica psicanalítica propõe-se como uma fala do sujeito endereçada à escuta de um outro (o psicanalista).

A partir de 1905, a clínica psicanalítica se consolidou rapidamente e se tornou conhecida em diversos países, despertando o interesse e a necessidade de traduzir os textos de Freud para outras línguas. Em 1910, a psicanálise já ultrapassara as fronteiras da Europa e começava a chegar a países distantes como Estados Unidos, Argentina e Brasil. Discípulos de outras partes do mundo se aproximavam da obra freudiana e do movimento psicanalítico.

Desde muito cedo, Freud e alguns de seus seguidores reconheceram que a teoria psicanalítica tinha um alcance capaz de iluminar dilemas de outras áreas do conhecimento além daqueles observados na clínica. Um dos primeiros textos fundamentais nesta direção foi *Totem e tabu: algumas correspondências entre a vida psíquica dos selvagens e a dos neuróticos*, de 1913. Freud afirmou que *Totem e tabu* era, ao lado de *A interpretação dos sonhos*, um dos textos mais importantes de sua obra e o considerou uma contribuição para o que ele chamou de psicologia dos povos. De fato, nos grandes textos sociais e políticos de Freud há indicações explícitas a *Totem e tabu* como sendo o ponto de partida e fundamento de suas teses. É o caso de *Psicologia das massas e análise do eu* (1921), *O futuro de uma ilusão* (1927), *O mal-estar na cultura* (1930) e *O homem Moisés e a religião monoteísta* (1939).

O período em que Freud escreveu *Totem e tabu* foi especialmente conturbado, sobretudo porque estava sendo gestada a Primeira Guerra Mundial, que eclodiria em

1914 e duraria até 1918. Esse episódio histórico foi devastador para Freud e o movimento psicanalítico, esvaziando as fileiras dos pacientes que procuravam a psicanálise e as dos próprios psicanalistas. Importantes discípulos freudianos, como Karl Abraham e Sándor Ferenczi, foram convocados para o front, e a atividade clínica de Freud foi praticamente paralisada, o que gerou dissabores extremos à sua família devido à falta de recursos financeiros. Foi nesse período que Freud escreveu alguns dos textos mais importantes do que se costuma chamar a primeira fase da psicanálise (1895-1914). Esses trabalhos foram por ele intitulados de "textos sobre a metapsicologia", ou textos sobre a teoria psicanalítica.

Tais artigos, inicialmente previstos para perfazerem um conjunto de doze, eram parte de um projeto que deveria sintetizar as principais posições teóricas da ciência psicanalítica até então. Em apenas seis semanas, Freud escreveu os cinco artigos que hoje conhecemos como uma espécie de apanhado denso, inovador e consistente de metapsicologia. São eles: "Pulsões e destinos da pulsão", "O inconsciente", "O recalque", "Luto e melancolia" e "Complemento metapsicológico à doutrina dos sonhos". O artigo "Para introduzir o narcisismo", escrito em 1914, junta-se também a esse grupo de textos. Dos doze artigos previstos, cinco não foram publicados, apesar de Freud tê-los concluído: ao que tudo indica, ele os destruiu. (Em 1983, a psicanalista e pesquisadora Ilse Grubrich-Simitis encontrou um manuscrito de Freud, com um bilhete anexado ao discípulo e amigo Sándor Ferenczi, em que identificava "Visão geral das neuroses de transferência" como o 12º ensaio da série sobre metapsicologia. O artigo foi publicado em 1985 e é o sétimo e último texto de Freud sobre metapsicologia que chegou até nós.) Após o final da Primeira Guerra e alguns anos depois de ter se esmerado em reapresentar a psicanálise em seus fundamentos, Freud publica, em 1920, um artigo avassalador intitulado *Além do princípio de prazer*. Texto revolucionário, admirável e ao mesmo tempo mal aceito e mal digerido até hoje por muitos psicanalistas, desconfortáveis com a proposição de uma pulsão (ou impulso, conforme se preferiu na presente tradução) de morte autônoma e independente das pulsões de vida. Nesse artigo, Freud refaz os alicerces da teoria psicanalítica ao propor novos fundamentos para a teoria das pulsões. A primeira teoria das pulsões apresentava duas energias psíquicas como sendo a base da dinâmica do psiquismo: as pulsões do eu e as pulsões de objeto. As pulsões do eu ocupam-se em dar ao eu proteção, guarida e satisfação das necessidades elementares (fome, sede, sobrevivência, proteção contra intempéries etc.), e as pulsões de objeto buscam a associação erótica e sexual com outrem.

Já em *Além do princípio de prazer*, Freud avança no estudo dos movimentos psíquicos das pulsões. Mobilizado pelo tratamento dos neuróticos de guerra que povoavam as cidades europeias e por alguns de seus discípulos que, convocados, atenderam psicanaliticamente nas frentes de batalha, Freud reencontrou o estímulo para repensar a própria natureza da repetição do sintoma neurótico em sua articulação com o trauma.

Surge o conceito de pulsão de morte: uma energia que ataca o psiquismo e pode paralisar o trabalho do eu, mobilizando-o em direção ao desejo de não mais desejar, que resultaria na morte psíquica. É provavelmente a primeira vez em que se postula no psiquismo uma tendência e uma força capazes de provocar a paralisia, a dor e a destruição.

Uma das principais consequências dessa reviravolta é a segunda teoria pulsional, que pode ser reencontrada na nova teoria do aparelho psíquico, conhecida como segunda tópica, ou segunda teoria do aparelho psíquico (que se dividiria em ego, id e superego, ou eu, isso e supereu), apresentada no texto *O eu e o id*, publicado em 1923. Freud propõe uma instância psíquica denominada supereu. Essa instância, ao mesmo tempo em que possibilita uma aliança psíquica com a cultura, a civilização, os pactos sociais, as leis e as regras, é também responsável pela culpa, pelas frustrações e pelas exigências que o sujeito impõe a si mesmo, muitas delas inalcançáveis. Daí o mal-estar que acompanha todo sujeito e que não pode ser inteiramente superado.

Em 1938, foi redigido o texto *Compêndio da psicanálise*, que seria publicado postumamente em 1940. Freud pretendia escrever uma grande síntese de sua doutrina, mas faleceu no exílio londrino em setembro de 1939, após a deflagração da Segunda Guerra Mundial, antes de terminá-la. O *Compêndio* permanece, então, como uma espécie de inacabado testamento teórico freudiano, indicando a incompletude da própria teoria psicanalítica que, desde então, segue se modificando, se refazendo e se aprofundando.

É curioso que o último grande texto de Freud, publicado em 1939, tenha sido *O homem Moisés e a religião monoteísta*, trabalho potente e fundador que reexamina teses historiográficas basilares da cultura judaica e da religião monoteísta a partir do arsenal psicanalítico. Essa obra mereceu comentários de grandes pensadores contemporâneos como Josef Yerushalmi, Edward Said e Jacques Derrida, que continuaram a enriquecê-la, desvelando não só a herança judaica muito particular de Freud, por ele afirmada e ao mesmo tempo combatida, mas também o alcance da psicanálise no debate sobre os fundamentos da historiografia do judaísmo, determinante da constituição identitária de pessoas, povos e nações.

Esta breve anotação introdutória é certamente insuficiente, pois muito ainda se poderia falar de Freud. Contudo, esperamos haver, ao menos, despertado a curiosidade no leitor, que passará a ter em mãos, com esta coleção, uma nova e instigante série de textos de Freud, com tradução direta do alemão e revisão técnica de destacados psicanalistas e estudiosos da psicanálise no Brasil.

Ao leitor, só nos resta desejar boa e transformadora viagem.

Apresentação
O caso Schreber: teorias e delírios
Noemi Moritz Kon e Thiago P. Majolo

As grandes narrativas clínicas de Freud

Dentre os casos clínicos apresentados por Freud ao longo de sua obra, cinco narrativas foram objeto de uma análise mais aprofundada e tiveram a função principal de demonstrar à comunidade científica a validade e as vantagens da utilização de seu método investigativo e psicoterapêutico, configurado e estabelecido, então, como teoria psicológica e psicopatológica. São elas: *Fragmento de uma análise de histeria* [O caso Dora] (1905), *Análise da fobia de um menino de cinco anos* [O pequeno Hans] (1909), *Observações sobre um caso de neurose obsessiva* [O Homem dos Ratos] (1909), *Observações psicanalíticas sobre um caso de paranoia* (dementia paranoides) *descrito autobiograficamente* [O caso Schreber] (1911) e *Da história de uma neurose infantil* [O Homem dos Lobos] (1918).

Mais do que apenas um método original de investigação e de tratamento, o projeto de Freud cria um novo homem, com uma nova inteligibilidade: o "homem psicanalítico", dotado de um aparelho psíquico inédito, composto por diferentes instâncias que operam segundo seus próprios princípios de funcionamento. Dividido entre a razão e o não saber, feito de palavras e intensidades que agitam um corpo simbólico e erógeno, este homem, movido por paixões e conflitos, não é senhor em seu castelo. É o funcionamento desse "homem psicanalítico" – em sua arquitetura, dinâmica e economia – que Freud procura materializar por meio das narrativas de casos clínicos.

Dessas cinco grandes narrativas, duas foram acompanhadas apenas indiretamente por Freud: o menino Hans foi analisado pelo pai, Max Graf – participante regular das reuniões da Sociedade Psicológica das Quartas-Feiras[1] –, sob a supervisão constante de Freud; e a narrativa clínica escrita a partir da autobiografia de Daniel Paul Schreber, *Memórias de um doente dos nervos* (1903), é, à diferença das demais, uma interpretação de Freud sobre o pormenorizado relato dos delírios desse homem que se sentia perseguido por Deus e seus representantes terrenos. Os outros três casos expõem minuciosamente o corpo a corpo da experiência clínica de Freud partilhada com Dora (Ida Bauer), com o Homem dos Ratos (Ernst Lanzer) e com o Homem dos Lobos (Serguei Constantinovitch Pankejeff).

Marcos fundamentais para a psicanálise, as cinco narrativas que deram corpo e robustez às descobertas freudianas originaram ampliações e contribuições singulares. A fortuna crítica amealhada por cada uma delas

---

1. Criada em 1902 por Sigmund Freud, Alfred Adler, Wilhelm Stekel, Rudolf Reiner e Max Kahane, foi a primeira instituição da história do movimento psicanalítico. Existiu até 1907 e foi substituída pela Wiener Psychoanalytische Vereinigung, modelo para todas as outras sociedades, que seriam reunidas na International Psychoanalytical Association (IPA). Estudiosos de diversas áreas reuniam-se na casa de Freud, para receber seus ensinamentos.

Apresentação

é imensa: são inúmeros os livros e artigos publicados por psicanalistas renomados de todas as correntes e línguas; centenas de publicações de outras especialidades, filmes, espetáculos teatrais e exposições de arte foram concebidas a partir da leitura desse material. Ainda hoje, elas são a base para novos subsídios psicanalíticos de ordem teórica, clínica, psicopatológica e técnica.

Com o caso Dora, Freud valida suas teses sobre a origem da neurose, particularmente da histeria – o conflito psíquico entre desejos reprimidos e exigências morais, o recalcamento da sexualidade e a formação do sintoma conversivo como solução de compromisso e satisfação disfarçada.[2]

Análise da fobia de um menino de cinco anos expõe, pela primeira vez, a psicanálise de uma criança. O pequeno Hans apresentava como sintomas o pânico de cavalos e o receio de sair à rua. O relato é a oportunidade para Freud reafirmar suas teses em que estabelece os elos entre a sexualidade da primeira infância e a do adulto, tanto na assim denominada sexualidade normal, a genitalidade, como naquilo que se apresenta como psicopatológico.

---

2. O sintoma evidencia a existência de múltiplos e diferentes desejos em nosso psiquismo, desejos, na maior parte das vezes conflitantes, que devem se combinar para que sua produção seja possível. Um sintoma, para a psicanálise, não é algo que deva ou possa ser simplesmente eliminado; é uma engenhosa solução de compromisso entre forças que se opõem e configura uma entidade complexa, capaz de satisfazer, ainda que de maneira disfarçada, desejos inadmissíveis à consciência e que, por isso mesmo, foram recalcados.

Com o caso do Homem dos Ratos, ele busca demonstrar a importância para a saúde psíquica do adulto das primeiras relações de objeto, principalmente com os pais, o que confirma a concepção, central para a psicanálise, do Complexo de Édipo e suas implicações: o complexo de castração, as diferenças sexual e geracional. Freud prioriza aqui a ambivalência entre os sentimentos de amor e ódio. O recalcamento do ódio que geraria, então, a ansiedade sufocante, motor das dúvidas incessantes, das ruminações, das atuações e contra-atuações, das formações delirantes complexas, ou seja, de toda uma sintomatologia própria ao quadro de terrível sofrimento que configura uma neurose obsessiva.

Com o caso Schreber, Freud emprega seu método de investigação psicanalítica a partir de uma obra escrita – como fez em outras ocasiões sobre textos de Shakespeare, Goethe, Dostoiévski e Jensen, ou sobre obras de artistas como Leonardo da Vinci e Michelangelo. Amplia o raio de ação de suas investidas, aplicando a psicanálise à compreensão da relação entre vida e obra, criando o entendimento de que as produções artísticas e culturais são sobretudo uma formação do inconsciente – assim como um sintoma, um sonho, um esquecimento ou um ato falho – mas que sublima e transforma o desejo sexual proscrito do artista em obra socialmente aceita e valorizada. O caso Schreber permite-lhe expandir a psicanálise para além do campo da neurose, empregando suas proposições no universo da psicose e estabelecendo um vínculo inequívoco entre razão e desrazão, entre normal e patológico.

Apresentação

A quinta e última narrativa é o caso do Homem dos Lobos. Nela, Freud atua como um arqueólogo que vai em busca dos restos materiais da pré-história da neurose obsessiva de seu paciente – as chamadas cenas primordiais. Tais cenas, que teriam ocorrido quando o analisando contava com um ano e meio de idade, desenterradas no processo de psicanálise, fornecem os elementos necessários para que Freud compreenda o significado do padecimento do paciente e determine os nexos causais entre a psiconeurose do adulto e a da criança que ele foi.

Com essas cinco grandes narrativas, Freud ruma da experiência clínica singular e pessoal para a universalização de suas teorias e estabelece uma aplicabilidade para sua terapêutica, que assim passa a alcançar a totalidade do humano: da pré-história à história da espécie, da infância à vida madura, da loucura à sanidade. Partindo das vivências mais íntimas de cada um de nós – dos sonhos, dos sintomas, dos tropeços comezinhos da vida cotidiana –, ele foi capaz de estabelecer também uma compreensão geral para todas as grandes conquistas civilizatórias e culturais humanas: para a ética, para a estética, para a política e para a religião.

É por isso que Sigmund Freud deve ser recebido como figura inescapável do pensamento contemporâneo ocidental. É um instaurador de discursividade, como teoriza Foucault, que determina um modo de pensar que baliza toda nossa compreensão e experiência do mundo, fixando a sexualidade e a destrutividade como as forças por trás das lógicas do prazer e do poder que ordenam as relações humanas.

Freud e a literatura

Ainda que Freud se considerasse um cientista e lutasse para que a psicanálise fosse aceita como uma ciência nos meios acadêmicos, o modo particular de se relacionar com as artes, e principalmente com a literatura, teve um papel fundamental para fazer da psicanálise um tipo de conhecimento humano que caminha junto às fronteiras da ciência, filosofia, biologia, clínica médica e poesia. Diferente do corpo biológico da medicina, do político e social das ciências humanas ou do estritamente simbólico da poesia, o corpo erógeno que a psicanálise percebe nos sujeitos contempla esses demais, mas tem a sua peculiaridade: é fundado e atravessado pelo sexual, está calcado no infantil, assentado no inconsciente e é feito "da mesma matéria dos sonhos" – para usar as palavras de Shakespeare. Esse corpo, tão inquietante, atravessado por processos conscientes e também inconscientes, um corpo linguageiro e complexo, Freud o descobre já há muito revelado pelo talento da pena dos ficcionistas. Não raras vezes ele cita os escritores como pesquisadores da alma humana que precederam a psicanálise, que, por sua vez caminha a reboque, em atraso, para conceber teoria, metodologia e possibilidade de cuidado para os sofrimentos dessa alma concebida pelos escritores.

Apresentação

Foi das linhas de Schiller que Freud alegava ter tirado a ideia de que o sujeito se divide entre as pulsões de autoconservação – tendo a fome como o protótipo – e pulsões eróticas, baseadas no amor. Em Virgílio, toma fôlego para mover o inferno[3] e abrir *A interpretação dos sonhos*, um marco fundador da psicanálise. Em Goethe, que o acompanha amiúde, vai buscar forças quando a razão não alcança seu objetivo e é preciso chamar a "feiticeira" – nome que deu à sua metapsicologia, sua compreensão da alma humana. Shakespeare, uma paixão, clareou suas dúvidas, preencheu as lacunas de seu pensamento e forneceu, com a personagem de Hamlet, um modelo de neurótico. A partir de Sófocles, reanimou e buscou universalizar o mito de Édipo como fundante psíquico. Freud admirava e, de certa forma, sentia um misto de ciúmes, inveja e desdém dos escritores, sentimentos ambivalentes do filho diante de poderes parentais supostamente inalcançáveis. O talento dos escritores para entender a alma humana era em certa medida o ideal de Freud. Ele diz em certa passagem de sua obra: "E bem podemos suspirar por saber que é dado a alguns homens extrair do torvelinho de seus próprios sentimentos, sem muito esforço, as mais profundas compreensões, até as quais temos de abrir caminho em meio à incerteza torturante e mediante um tatear infatigável".[4] Acreditar que é "sem

---

3. Na epígrafe do livro, Freud cita: *Flectere si nequeo superos, Acheronta movebo*. "Se não posso vencer os céus, moverei o Inferno." Virgílio. *Eneida*. Livro VI, verso 878.
4. FREUD, S. *O mal estar na cultura*, p. 186.

– 23 –

esforço" que os escritores alcançam sua compreensão da alma revela uma idealização de Freud frente àqueles que se tornaram essenciais para a construção de sua teoria.

Virgílio, Shakespeare, Goethe, Schiller, Hoffmann, Heine, Dostoiévski, Schnitzler, Romain Rolland, Thomas Mann... esses famosos nomes da literatura mundial são apenas alguns que povoam os escritos de Freud, aparecendo como citações ou exemplos em estudos de personagens, investigações sobre o próprio artista, leituras psicanalíticas de obras ou mesmo em cartas, que Freud, grande missivista, trocava com autores de quem era contemporâneo. Algumas das interpretações mais instigantes e importantes que certas obras receberam vieram das páginas do psicanalista. É o caso de Hamlet, que Freud fez o protótipo do homem moderno, angustiado entre o pensar e o agir, que luta para se libertar dos fantasmas de seu destino. Se por um lado Édipo sucumbiu aos desígnios divinos, Hamlet, o protótipo do conflito neurótico, recalca seu desejo e vive angustiado e reflexivo porque sente que não pode se vingar de quem levou a cabo o que ele próprio cobiçaria: matar o pai e tomar a mãe como objeto de amor.

Essa poderosa análise da mais longa e angustiada peça de Shakespeare é fruto de uma imaginação rica e de um talento único para escrever. Ler Freud é se deparar com um grande escritor. Incisivo, irônico, arguto, erudito, sedutor, o escritor Freud teorizou sobre o ser humano em inspirados ensaios que também podem ser lidos como verdadeiras novelas familiares. Em *Poetas e devaneios*

APRESENTAÇÃO

(1908), Freud se pergunta: de onde nasce a inspiração e de qual raiz os escritores se alimentam para compor suas tramas? Podemos então lhe devolver a pergunta e empregar o mesmo escrutínio psicanalítico à sua obra, pois Freud é hoje personagem da nossa cultura, fonte de nosso interesse. Assim, a feiticeira, sua metapsicologia, tomará conta do grande mestre, não como maldição, mas como uma luz para compreensão de sua vida e obra. Seria mesmo impossível escrever sobre o caso Schreber sem mencionar a literatura e as leituras freudianas sobre autores e suas obras literárias. Freud foi um leitor atento, que percebeu que a literatura, por ser a manifestação direta da linguagem, é fonte primária para a exploração do psiquismo. Assim, passou a analisar não somente seus pacientes, mas empregou seu método também às obras literárias e aos seus autores. Esse modo de empregar a lente psicanalítica às artes em análises sociais e políticas, que ficou conhecido como psicanálise aplicada, foi simultaneamente alvo de celebrações e críticas. A partir de Freud, diversos psicanalistas fizeram das artes – e ainda fazem – uma mera fonte de ilustração, ou, então, estabelecem um diálogo de fertilização recíproca que permite ampliar a teoria. E sendo assim, a psicanálise foi acusada, muitas vezes com justiça, de reduzir artistas e suas obras a uma compreensão rasteira e descontextualizada de suas condições psíquicas.

Com a história de Daniel Paul Schreber não foi diferente. *Observações psicanalíticas sobre um caso de paranoia* (dementia paranoides) *descrito autobiograficamente*

[*O caso Schreber*], livro que agora o leitor tem em mãos em uma bela tradução direta do alemão, estabelecida por Renato Zwick, foi publicado por Freud em 1911 e desde então tem sido um dos relatos mais notáveis da psicanálise, celebrado por todas as escolas psicanalíticas, tendo sido alvo de estudos e interpretações por diversos autores. Também foi duramente atacado por críticos severos, desde Jung até uma célebre revisão do texto feita pelo psicanalista norte-americano Henry Zvi Lothane, que não somente contestou o diagnóstico de Freud como o acusou de ter cometido uma indecência ao ter atribuído a Schreber uma homossexualidade latente, como veremos. Freud nunca conheceu Schreber pessoalmente. Na época em que publicou seu estudo, não sabia nem mesmo seu paradeiro. Quando Freud começou a se dedicar ao caso, Schreber já se encontrava internado no manicômio de Leipzig, onde viria a morrer em 1910. *Memórias de um doente dos nervos*, a obra autobiográfica na qual Freud se baseou para interpretar as manifestações paranoides de Schreber e, assim, desenvolver mais profundamente sua teoria, fora publicada em 1903 e apresentada a Freud por Jung em 1909 ou 1910, quando este buscava desenvolver a teoria sobre a psicose e qualificar sua clínica, que era tomada por diversos casos de esquizofrenia. Jung, que se tornou célebre no estudo das psicoses, encontrou na obra de Schreber um relato que o ajudaria a construir sua própria teoria e o distanciaria cada vez mais do mestre Freud. As divergências no conceito metapsicológico da libido iriam abrir uma fenda entre os antigos amigos,

Apresentação

formando duas escolas distintas: a psicanálise de Freud e a psicologia analítica de Jung.

A história de *Observações psicanalíticas sobre um caso de paranoia* (dementia paranoides) descrito autobiograficamente [O caso Schreber] Freud se interessou pelo livro autobiográfico de Schreber; viu nele uma fonte única para investigar as ideias delirantes. Há um diálogo interessante entres esses dois homens, que nunca se conheceram, logo na abertura de seus escritos. Por um lado, Schreber afirma no início de suas memórias: "[...] creio que poderia ser valioso para a ciência e para o conhecimento de verdades religiosas possibilitar, ainda durante a minha vida, quaisquer observações da parte de profissionais sobre meu corpo e meu destino pessoal".[5] Assim, o autor mostra-se em plena consciência da sua doença, ao mesmo tempo em que seu delírio, de cunho religioso, faz-se presente em suas linhas, quando diz revelar "verdades religiosas". Freud, atento a essas palavras, e também ele mesmo um leitor generoso e difusor da cultura, escreve na introdução de seu texto: "Embora, no que segue, eu vá citar textualmente todos os trechos das *Memórias* que apoiam minhas interpretações, peço aos leitores deste trabalho que se familiarizem de antemão com o livro, ao menos por uma única leitura" (p. 45). É revelado assim um traço importante da psicanálise: o interesse contínuo

---
5. SCHREBER, D.P. *Memórias de um doente dos nervos*, p. 20.

pela cultura universal e a cultura de cada sujeito, o que deveria ser um guia constante na escuta de todos os analistas, ou seja, conhecer os territórios culturais em que cada analisando caminha e, ao mesmo tempo, constrói.

E quem foi Daniel Paul Schreber e em quais territórios simbólicos sua história se constrói? Oriundo de uma família da burguesia protestante alemã, era filho de Pauline Haase e Daniel Gottlob Moritz Schreber. Se não temos a história de sua mãe, menos conhecida e legada a segundo plano pelos estudos de seu caso, na outra linhagem parental temos seu pai, um célebre pedagogo, inventor de uma teoria educativa que procurava domesticar corpos a fim de produzir espíritos purificados para a renovação da alma alemã. Sua técnica, baseada em extrema disciplina e rigidez física, em higiene e ortopedia torturante – e que mais tarde foi resgatada pelo nacional-socialismo alemão –, já se coadunava com os anseios xenófobos da época, preocupados com a degradação da raça pura.

Em 1884, Schreber era um jurista renomado e presidente da corte de apelação da Saxônia. À época, adoeceu pela primeira vez e passou cerca de seis meses na clínica do neurologista Paul Flechsig, de onde diz ter saído curado. Desses primeiros cuidados, Schreber guardou para si uma afeição e gratidão quase desmedida pelo médico, afeto que mais tarde retornará em sentido inverso, como ódio acompanhado por ideias persecutórias. Em 1893, foi promovido a presidente do tribunal de apelação de Dresden e durante esse período teve sonhos nos quais anteviu a volta da sua doença, acompanhados de uma terrível insônia, o que o fez procurar novamente Flechsig. Seu estado então piorou rapidamente, e seus delírios ganharam uma tonalidade marcante e singular. No seu próprio diagnóstico, Schreber diz sobre esses episódios:

> Estive doente dos nervos duas vezes, ambas em decorrência de um esforço intelectual excessivo; a primeira vez (como diretor do tribunal regional de Chemnitz) por ocasião de uma candidatura ao Parlamento, e a segunda, por ocasião da incomum carga de trabalho que encontrei ao assumir a função, recém-transmitida a mim, de presidente da Suprema Corte do Superior Tribunal Regional de Dresden.[6]

A primeira etapa da doença, segundo Schreber, ocorreu "[...] sem quaisquer incidentes que tocassem o âmbito do suprassensível".[7] A segunda, por sua vez, o levou a toda a sua sintomatologia. Os sintomas paranoides que Freud descreveu mais tarde, tais como o delírio de perseguição, de ciúme e de grandeza, assim como a erotomania (desejo sexual excessivo), serviam de base para que Schreber sustentasse uma cosmogonia particular segundo a qual seu corpo se transformava, sob os desígnios de Deus, e lhe era imbuído o destino de transformar os humanos. Schreber acreditava ser um objeto especial para Deus, um homem perseguido, mas, igualmente, amado por ele. A imagem que carregava de seu corpo era de um

---
6. SCHREBER, D.P. *Memórias de um doente dos nervos*, p. 34.
7. Ibid., p. 35.

homem sem estômago e vesícula, e que havia comido a própria laringe. O fim do mundo se aproximava, os homens estavam doentes, viviam como sombras, e ele seria o único sobrevivente. Constantemente penetrado por raios que o atravessavam, conversava com Deus a partir de uma "língua dos nervos" pela qual Ele lhe reservava a missão de se transmudar em mulher e gerar uma nova raça humana. A esses movimentos de assédio e amor divinos, Schreber acrescentou também os de Paul Flechsig, a quem acusava de tê-lo abusado sexualmente, assassinando sua alma e em seguida abandonando-o à putrefação.

Freud ficou fascinado com a linguagem schreberiana, ou seja, a maneira como o delírio modulava suas palavras. Entre os colegas psicanalistas, passou a adotar certas expressões tiradas do livro. Mas Schreber não se constituiu apenas em uma anedota para Freud; pelo contrário, seu interesse pelo discurso do delírio nos revela novamente um cientista da palavra, um estudioso da cultura.

Freud vai nos mostrar que a forma do delírio é apenas uma manifestação ruidosa da psicose, ou seja, aquilo que do padecimento psíquico se manifesta em palavras e gestos desconexos e que é compartilhado. Essa expressão da loucura pode ser assustadora, afastar pessoas, assustá-las. Mas o que Freud enxerga é que dentro dessa forma há um conteúdo vital: cada palavra, frase, ideia revelam o método da doença e desvendam o caminho para entender seu mecanismo de formação. Diz Freud, tirando da pena de Shakespeare, que a loucura tem o seu método. Freud não distingue em territórios opostos loucura e sanidade.

Apresentação

Pelo contrário, reitera aqui seu pressuposto de que entre o neurótico e o psicótico há mais em comum do que diferenças: "A investigação psicanalítica da paranoia seria absolutamente impossível se os doentes não tivessem a peculiaridade de revelar, embora de forma distorcida, precisamente o que os outros neuróticos ocultam como segredo". (p. 43)

O que Freud enxergou no delírio de Schreber não foi o começo de sua doença, mas sim uma tentativa de cura.

Acompanhamos o pensamento freudiano deslizar pelas palavras schreberianas como um crítico literário que estuda uma personagem, imaginando suas raízes, condensando, deslocando e interpretando significados, inferindo histórias dos não ditos, preenchendo as alusões. Vemos como ele afere um sentido ao delírio de Schreber e suas variações, que vão se modulando na tentativa de retomar o laço com a realidade, ainda que acabe por fracassar em grande parte. Essa valoração do conteúdo delirante é de fato uma invenção assombrosa da teoria psicanalítica. A loucura sempre interessou aos homens, ou como poder de comunicação com o cosmos e as divindades, ou como frouxidão desinteressante das faculdades mentais. O que Freud nos convida a observar é a loucura em seu método, nem como poder divino nem como fracasso da razão, mas como expressão singular da história dos conflitos do sujeito e como tentativa de retomada com a realidade.

Em Schreber, Freud viu um homem revoltado contra Deus e temeroso de Sua vingança, o que se configurava como expressão de uma revolta contra o pai: um amor homossexual recalcado e transformado em ódio. Após a morte paterna, e não tendo filhos, Schreber teria tentado se reconciliar com esse pai, deslocando-o para a figura de Deus e então transmutando o próprio corpo de homem em mulher para gerar, com o pai divino, uma nova raça humana. A partir da ideia de uma homossexualidade recalcada e da transformação do amor em ódio, Freud estabelece as bases para a paranoia.

Schreber e seu contexto

Treze anos após a publicação do caso Schreber, Freud escreveu um texto intitulado *A perda da realidade na neurose e na psicose* (1924), em que constatava que, na lida com a realidade, a psicose lançava mão de um engenho muito mais elaborado do que a neurose. Ao passo que a neurose vislumbra a realidade e se torna indiferente a muitos dos seus aspectos, por reconhecer não poder transformá-la, a psicose se empenha na imensa tarefa de negar a realidade e reconstruí-la radicalmente, segundo os desejos do sujeito. Mais uma vez, Freud demonstrava que a diferença entre sanidade e loucura é traçada por uma linha tênue, e que o orgulho dos ditos "sãos" não passa de uma vaidade vazia. Na sua fórmula, os neuróticos não compreendem e tampouco dominam a realidade, apenas reconhecem a si mesmos como impotentes frente a suas exigências.

Por outro lado, o mundo das psicoses é um território desabado, em ruínas, que o trabalho do delírio tenta reconstruir. "E o paranoico o reconstrói, não mais magnificamente, é verdade, mas pelo menos de uma maneira que possa viver nele outra vez. Ele o constrói pelo trabalho de seu delírio. *O que tomamos pela produção patológica, a formação delirante, é na realidade a tentativa de cura, a reconstrução.*" (p. 128)

Isso foi o que Freud desenvolveu com a ajuda de Schreber. É um edifício monumental no terreno pantanoso das psicoses, até então fora os domínios da teoria psicanalítica. Tomando a paranoia como modelo da psicose, Freud definiu mecanismos e contornos teóricos para a compreensão específica dessa forma de padecimento psíquico.

Mas seu estudo de caso foi logo contestado desde os primeiros comentários. Havia algo de muito evidente na história de Daniel Paul Schreber que Freud não levara em conta: a teoria pedagógica insana de Gottlob, seu pai. Da escola de Melanie Klein em diante, o estudo de caso de Freud e sua teoria sobre as psicoses seriam revistos e contestados. A mais famosa releitura se daria no seminário sobre as psicoses de Jaques Lacan, que realocou a perspectiva do caso Schreber e redefiniu contornos metapsicológicos. O que Lacan demonstrou, a partir de uma leitura atenta e criativa do texto freudiano, é que a falha paterna não simbolizada pelo filho retornava em forma de delírio. Ou seja: o delírio de Daniel Paul seria a incorporação da história dos anseios por uma nova raça que era apregoada pelo pai, Gottlob – aquilo que do pai não pôde ser elaborado pelo filho, retornou em forma de discurso desconexo, como um fantasma ou um espectro que volta a assombrar. Daí nasceu o célebre conceito de foraclusão (não incluído no simbólico) que Lacan retirou do jargão jurídico. Muitos dos instrumentos de tortura delirados por Daniel Paul Schreber estranhamente coincidiam com as "ferramentas pedagógicas" vislumbradas por seu pai a fim de disciplinar corpos e purificar o espírito. Desta forma, foi possível enxergar o campo simbólico de uma época sendo transmitido pelos ditos e não ditos familiares, pelas lacunas e margens da cultura, até encontrar corpo em diversas manifestações psíquicas, como nos delírios.

O berço do que viria a ser o nazismo, em toda sua ampla e apavorante ideologia, estava presente na Europa Central desde antes de Freud, como ele bem sabia, nunca tendo esquecido dos ataques antissemitas sofridos por seu próprio pai. Thomas Mann, amigo e correspondente de Freud, sempre percebera esse perigo e por isso mesmo tratou de ser discreto o quanto pôde sobre a origem de sua mãe, a brasileira Julia da Silva-Bruhns, nascida em Paraty. Era comum a historiadores antissemitas da época denunciar alemães que guardassem grande intimidade com os de "sangue judeu", o que era o caso de alemães com parentes latino-americanos, em especial brasileiros, devido aos movimentos de imigração europeus no século XIX, principalmente alemães e dos cantões suíços, em busca de trabalho nos campos. Esse clima de perseguição e denúncia, de nascedouro da serpente, de sistema de tortura disfarçada de disciplina, de xenofobia, racismo e antissemitismo, sob as vestes do puritanismo, encontra em Schreber um solo fértil para ganhar corpo. Podemos entender, hoje, que as ideias do pai de Daniel Paul eram de uma perversão delirante, mas socialmente aceitas e celebradas, o que as fez passar despercebidas em sua terrível violência. Vivendo-as em seu corpo sem poder elaborá-las, Schreber-filho enlouquece de uma loucura que era socialmente malvista, não aceita, não incluída. A manifestação da loucura, mais uma vez, assim como nos sintomas neuróticos, denuncia as agruras sociais e revela o espírito do tempo.

Esse clima de terror crescente na Europa também recai sobre Sigmund Freud. Não à toa, com o avanço dos anos, sua obra foi se dedicando cada vez mais às manifestações do ódio no jogo pulsional. Freud testemunhou a Primeira Guerra Mundial, um dos eventos mais disruptivos e sangrentos da história da humanidade, principalmente para a Europa; ao final da vida, depois de ter sofrido com o avanço do antissemitismo, ainda viu Hitler ameaçar o mundo e sua família. Ao longo dos anos e com o avanço da sua teoria, as concepções sobre a importância do ódio no psiquismo também dividiram autores e escolas do campo psicanalítico. A teoria das psicoses, no que ela requeria de entendimento sobre o conceito de libido e sobre o lugar do ódio, fez acelerar o afastamento de Freud e Jung, discípulo dileto. O conceito freudiano de pulsão de morte divergiu e ainda diverge da compreensão de muitos psicanalistas. O ódio, a agressividade, a exclusão... todos esses afetos parecem carregar em si a potência de desagregação onde quer que se apresentem. Ao estudar Schreber, Freud também revisita a história de sua antiga amizade com Fliess, correspondente e confidente no início de sua carreira psicanalítica, com o qual rompera havia anos. No início de sua carreira psicanalítica, Freud acreditou nesse amigo, dedicou-se às suas teorias por muito tempo e, depois do rompimento, viu Fliess acusá-lo de ter roubado suas ideias. Ao conhecer o livro de Schreber, Freud revisitou sua relação com Fliess, percebendo, talvez pela primeira vez, o mecanismo paranoide de seu antigo amigo e confidente. Outro antigo amor transformado em ódio.

    Isso tudo parece nos indicar que a história do movimento psicanalítico acompanhou e acompanha os acontecimentos do mundo e suas narrativas históricas. Da mesma forma, uma escuta atenta ao espírito do tempo faz com que a teoria se deixe direcionar pelas expressões da loucura de cada época, seus sintomas, suas foraclusões, seus restos. A psicanálise é uma cultura viva, cuja teoria mutante segue os ventos da mudança e seus contextos a fim de dar compreensão e possibilidade de tratamento clínico aos sofrimentos.

    Schreber sofria com seus delírios, mas também com a maneira como a sociedade o excluía por causa deles, buscando afastá-lo do convívio humano. Quando escreveu suas memórias, ele não queria que o diagnosticassem são; não tinha essa pretensão, pois sabia que havia adoecido. Mas, ainda que continuasse crendo no conteúdo de seu delírio, mantinha intactas muitas faculdades mentais que lhe permitiam escrever sobre sua doença. O que ele

Apresentação

pedia, em um testemunho corajoso, era a oportunidade de provar que ainda era capaz de levar uma vida decente, de trabalhar. Queria sair do sanatório.

Ainda hoje, mesmo depois de todo o movimento antimanicomial que presenciamos nas últimas décadas, achamos difícil alojar a loucura, ouvi-la, talvez compreendê-la, e quiçá com ela nos identificarmos como parte de nós mesmos. Nosso medo e desamparo geram ódio, e nosso ódio busca expulsar tudo o que não é ideal narcísico, numa tentativa de purificar corpo e sociedade. Estamos sempre mais próximos do totalitarismo do que imaginamos. Ainda hoje é comovente ler as palavras que Schreber destinou ao tribunal, apelando para sair do sanatório:

> [...] naturalmente não desejo passar o resto da minha vida tristemente em um sanatório, onde minhas forças mentais ficam quase inutilizadas e onde me falta o contato com pessoas cultas e com todos os demais prazeres da vida. Se algum inconveniente (como os urros, por exemplo) continuar a opor restrições a minha aparição em público, eu mesmo saberei me impor a necessária reserva.[8]

No final, e talvez para nosso espanto, seus urros delirantes chocavam mais a sociedade do que a pedagogia da exclusão promovida por seu pai, baseada na tortura e na eliminação. Uma aspiração delirante e

---
8. SCHREBER, D.P. *Memórias de um doente dos nervos*, p. 250.

violenta que pairava no ar europeu, sob o silêncio cortês das massas. E então podemos nos perguntar: para que lado penderemos? Para o das ideologias silenciadoras ou o das loucuras que gritam e nos convocam? Essa seria justamente a inquietação que nos lega Freud: "Que o futuro decida se a teoria contém mais delírio do que eu gostaria, ou se o delírio contém mais verdade do que outros acham hoje verossímil". (p. 138)

Referências

FREUD, S. "La interpretación de los sueños" (1900). *In*: FREUD, S. *Obras completas*. Trad. Luis López--Ballesteros. Madri: Editorial Biblioteca Nueva, 1972.

_____. "El poeta y los sueños diurnos" (1907). *In*: FREUD, S. *Obras completas*. Trad. Luis López-Ballesteros. Madri: Editorial Biblioteca Nueva, 1972.

_____. "La pérdida de la realidad en la neurosis y la psicosis" (1924). *In*: FREUD, S. *Obras completas*. Trad. Luis López-Ballesteros. Madri: Editorial Biblioteca Nueva, 1972.

_____. O mal estar na cultura. *In*: FREUD, S. *O futuro de uma ilusão* seguido de *O mal estar na cultura*. Trad. Renato Zwick. Porto Alegre: L&PM, 2018.

GAY, P. *Freud, uma vida para nosso tempo*. Trad. Denise Bottmann. São Paulo: Companhia das Letras, 1989.

ROUDINESCO, E. *Sigmund Freud, na sua época e em nosso tempo*. Trad. André Telles. Rio de Janeiro: Zahar, 2016.

Apresentação

_____; PLON, M. *Dicionário de psicanálise*. Trad. Vera Ribeiro e Lucy Magalhães. Rio de Janeiro: Jorge Zahar, 1998.

SCHREBER, D.P. *Memórias de um doente dos nervos*. Trad. Marilene Carone. Rio de Janeiro: Graal, 1984.

O caso Schreber

Observações psicanalíticas sobre um caso de paranoia (*dementia paranoides*) descrito autobiograficamente

[Introdução]

A investigação analítica da paranoia oferece a nós, médicos que não exercemos funções em estabelecimentos públicos, dificuldades de natureza especial. Não podemos receber tais doentes nem mantê-los por muito tempo, pois a perspectiva de sucesso terapêutico é a condição de nosso tratamento. Assim, é apenas excepcionalmente que posso examinar de maneira mais profunda a estrutura da paranoia, seja porque a incerteza do diagnóstico, nem sempre fácil, justifica a tentativa de exercer alguma influência, seja porque cedo aos pedidos dos familiares e, apesar do diagnóstico assegurado, recebo tal doente para tratamento por algum tempo. Aliás, naturalmente vejo grande número de paranoicos (e dementes) e deles fico sabendo tantas coisas quanto outros psiquiatras de seus próprios casos, mas, via de regra, isso não é suficiente para tomar decisões analíticas.

A investigação psicanalítica da paranoia seria absolutamente impossível se os doentes não tivessem a peculiaridade de revelar, embora de forma distorcida, precisamente o que os outros neuróticos ocultam como segredo. Visto que os paranoicos não podem ser forçados à superação de suas resistências interiores e, além disso, apenas dizem o que querem, o relato escrito ou a história clínica impressa, precisamente no caso dessa afecção, podem tomar o lugar do trato pessoal com o doente. Por isso, não considero ilícito ligar interpretações analíticas à história clínica de um paranoico (*dementia paranoides*) que nunca vi, mas que descreveu pessoalmente sua história clínica e a trouxe ao conhecimento público de forma impressa.

Refiro-me ao ex-presidente da Suprema Corte da Saxônia, o doutor em direito Daniel Paul Schreber, cujas *Memórias de um doente dos nervos* apareceram sob forma de livro em 1903 e, se estou bem informado, despertaram um interesse bastante grande entre os psiquiatras. É possível que o dr. Schreber ainda viva hoje e que tenha se afastado tanto do sistema delirante que defendia em 1903 a ponto de sentir de maneira desagradável estas observações acerca de seu livro. No entanto, na medida em que ele ainda mantiver a identidade entre sua personalidade atual e a de então, estou autorizado a recorrer a seus próprios argumentos, os quais o "homem de alto nível intelectual, de entendimento incomumente aguçado e aguçada capacidade de observação"[1] contrapõe aos esforços que procuravam impedi-lo de publicar: "Nisso, não ocultei de mim mesmo os escrúpulos que parecem se opor a uma publicação: trata-se sobretudo da consideração a algumas pessoas ainda vivas. Por outro lado, sou da opinião de que poderia valer a pena para a ciência e para o conhecimento das verdades religiosas se ainda durante minha vida fosse possível que pessoas qualificadas realizassem algumas observações em meu corpo

---

1. Essa autocaracterização, por certo não injustificada, encontra-se na página 35 do livro de Schreber.

Introdução

e meu destino pessoal. Frente a essa ponderação, todas as considerações pessoais devem silenciar".[2] Em outra passagem do livro, ele declara que decidiu perseverar no propósito da publicação, ainda que por esse motivo seu médico, o cons. priv.[3] dr. Flechsig, de Leipzig, levantasse uma acusação contra ele. Ele exige de Flechsig o mesmo que agora exijo dele próprio: "Espero que então, também para o cons. priv. prof. dr. Flechsig, o interesse científico no conteúdo de minhas memórias suplante eventuais suscetibilidades pessoais".

Embora, no que segue, eu vá citar textualmente todos os trechos das *Memórias* que apoiam minhas interpretações, peço aos leitores deste trabalho que se familiarizem de antemão com o livro, ao menos por uma única leitura.

---

2. Prefácio das *Memórias*.
3. Abreviatura de "conselheiro privado" (*Geh. Rat* = *Geheimer Rat* = *Geheimrat*), termo às vezes também vertido como "conselheiro de Estado". Originalmente designação de um cargo, terminou por ser apenas um título honorífico. (N.T.)

I
História clínica

O dr. Schreber relata: "Estive doente dos nervos duas vezes, ambas em decorrência de um esforço intelectual excessivo; a primeira vez (como diretor do Tribunal Regional de Chemnitz) por ocasião de uma candidatura ao Parlamento, e a segunda, por ocasião da incomum carga de trabalho que encontrei ao assumir a função, recém-transmitida a mim, de presidente da Suprema Corte do Superior Tribunal Regional de Dresden" (p. 34). O primeiro adoecimento manifestou-se no outono de 1884 e estava completamente curado em fins de 1885. Flechsig, em cuja clínica o paciente passou seis meses nessa ocasião, caracterizou o estado, num "parecer de formulário" dado mais tarde, como um ataque de hipocondria severa. O dr. Schreber assegura que essa doença transcorreu "sem quaisquer incidentes que tocassem o âmbito do suprassensível" (p. 35).

Nem as anotações do paciente, nem os pareceres dos médicos a elas acrescentados, dão informações suficientes sobre sua história prévia e sobre os pormenores de sua vida. Eu não estaria sequer em condições de indicar sua idade na época do adoecimento, embora o alto cargo alcançado no serviço judiciário antes do segundo adoecimento assegure um certo limite mínimo. Somos informados de que na época da "hipocondria" o dr. Schreber já estava casado havia muito tempo. Ele escreve: "Minha esposa sentiu uma gratidão que era quase mais profunda, ela que realmente venerava no professor Flechsig aquele que lhe devolvera o marido e que, por essa razão, tivera seu retrato por anos a fio sobre a escrivaninha" (p. 36).

E, no mesmo trecho: "Após a recuperação de minha primeira doença, vivi oito anos com minha esposa, anos em seu todo realmente felizes, também abundantes em honras exteriores e apenas momentaneamente turvados pela reiterada frustração da esperança de sermos abençoados com filhos".

Em junho de 1893, ele foi informado de sua nomeação iminente ao cargo de presidente da Suprema Corte; ele assumiu suas funções em 1º de outubro do mesmo ano. Nesse meio-tempo[1], ocorrem alguns sonhos aos quais apenas mais tarde ele foi levado a dar importância. Sonhou algumas vezes que sua doença nervosa anterior voltara, fato acerca do qual se sentira tão infeliz no sonho quanto feliz após o despertar por ver que fora somente um sonho. Além disso, certa vez, por volta do amanhecer, num estado entre o sono e a vigília, ocorreu-lhe "a ideia de que deveria ser realmente belo ser uma mulher que se entrega ao coito" (p. 36), uma ideia que, estando em plena consciência, teria rejeitado com grande indignação.

O segundo adoecimento começou em fins de outubro de 1893 com uma insônia torturante que o fez se consultar novamente na clínica de Flechsig, onde, porém,

---

1. Ou seja, ainda antes da ação do alegado excesso de trabalho em seu novo posto.

I. História clínica

seu estado piorou rapidamente. A evolução subsequente deste é descrita por um parecer posterior, dado pelo diretor do Sanatório Sonnenstein (p. 380): "No início de sua estadia lá[2], ele manifestou mais ideias hipocondríacas, queixou-se de que padecia de amolecimento cerebral, de que logo morreria etc., mas ao quadro clínico já se mesclavam ideias persecutórias e, mais exatamente, ideias com base em ilusões sensoriais, que de início, não obstante, pareciam surgir de maneira mais isolada, enquanto ao mesmo tempo se impunha um alto grau de hiperestesia, de grande sensibilidade à luz e ao ruído. Mais tarde, aumentaram as ilusões visuais e auditivas e, em ligação com perturbações da cenestesia, dominaram toda a sua sensibilidade e todo o seu pensamento; ele se considerava morto e apodrecido, acometido pela peste, acreditava que todo tipo de manipulações abomináveis eram feitas com seu corpo e que, como ele mesmo ainda agora se expressa, passava pelas coisas mais atrozes jamais imaginadas e, mais exatamente, em razão de um objetivo sagrado. As ideias patológicas exigiram tanto do doente que ele, inacessível a qualquer outra impressão, ficava sentado por horas a fio completamente rígido e imóvel (estupor alucinatório); por outro lado, elas o atormentavam de tal modo que ele desejava a morte, fazia repetidas tentativas de afogamento durante o banho e pedia o 'cianeto de potássio a ele destinado'. Gradativamente, as ideias delirantes adotaram o caráter do místico, do religioso, ele se relacionava diretamente com Deus, os demônios

---
2. Na clínica do prof. Flechsig, em Leipzig.

faziam seu jogo com ele, ele via 'fenômenos milagrosos', ouvia 'música sacra' e por fim acreditava inclusive que vivia em outro mundo".

Acrescentemos que ele insultava diversas pessoas por quem se acreditava perseguido e prejudicado, sobretudo seu médico anterior, Flechsig, a quem chamava de "assassino de almas", e que gritava incontáveis vezes "pequeno Flechsig", acentuando mordazmente a primeira palavra (p. 383). Ele dera entrada no Sanatório Sonnenstein, em Pirna, vindo de Leipzig após breve estadia intermediária[3] em junho de 1894, e lá permaneceu até a configuração definitiva de seu estado. No decorrer dos anos seguintes, o quadro clínico modificou-se de uma maneira que melhor descreveremos com as palavras do diretor do estabelecimento, o dr. Weber:

"Sem entrar ainda mais em todos os detalhes do transcurso da doença, indique-se apenas como, na sequência, a partir da psicose inicial mais aguda, que afetava diretamente todos os processos psíquicos e que cabia definir como demência alucinatória, se destacou de maneira cada vez mais decisiva, por assim dizer cristalizando-se a partir dela, o quadro clínico paranoico que temos atualmente diante de nós" (p. 385). Pois, por um lado, ele desenvolvera um engenhoso edifício delirante, merecedor de nosso mais amplo interesse, e, por outro lado, reconstruiu sua personalidade e, exceto por algumas perturbações, mostrou-se à altura das tarefas da vida.

---

3. Na clínica privada do dr. Pierson, em Lindenhof, segundo esclarecem os editores da *Freud-Studienausgabe*. (N.T.)

I. História clínica

No parecer de 1899, o dr. Weber relata acerca dele: "Assim, exceto pelos sintomas psicomotores, que mesmo ao observador superficial se impõem imediatamente como patológicos, o sr. presidente da Suprema Corte, dr. Schreber, não parece neste momento nem perturbado, nem psiquicamente inibido, nem perceptivelmente prejudicado em sua inteligência – ele é ponderado, sua memória é excelente, ele dispõe de um considerável grau de conhecimento, não apenas em questões jurídicas, mas também em muitos outros campos, sendo capaz de reproduzi-lo em cadeias ordenadas de pensamentos; tem interesse pelos acontecimentos na política, na ciência, na arte etc. e se ocupa constantemente deles [...] e, ao observador que não tenha recebido maiores informações sobre seu estado geral, dificilmente deixará perceber muitas coisas chamativas nos sentidos indicados. Apesar de tudo, o paciente está imbuído de ideias patologicamente condicionadas, que se fecharam num sistema completo, estão mais ou menos fixadas e não parecem acessíveis a uma correção mediante a compreensão e a avaliação objetivas das condições efetivas" (p. 385-6).

    O doente a tal ponto mudado considerava-se apto para a existência e tomou providências práticas para conseguir a suspensão de sua tutela e a alta do sanatório. O dr. Weber opôs-se a esses desejos e deu um parecer em sentido contrário; porém, no parecer de 1900, não pôde deixar de descrever a natureza e a conduta do paciente da seguinte e favorável maneira: "O abaixo assinado teve abundante ocasião, desde há nove meses, durante as refeições diárias à mesa familiar, de conversar com o sr. presidente Schreber sobre todos os assuntos possíveis. Quaisquer que fossem os temas – sem considerar, naturalmente, suas ideias delirantes – que viessem à baila, quer tocassem acontecimentos do âmbito da administração pública e da justiça, da política, da arte e da literatura, da vida social ou de qualquer outro, por todos eles o dr. Schreber manifestava vivo interesse, conhecimentos profundos, boa memória e julgamento certeiro, e, também no aspecto ético, uma concepção com a qual só se podia concordar. Da mesma forma, mostrava-se simpático e amável nas conversas ligeiras com as senhoras presentes e, ao abordar humoristicamente alguns assuntos, sempre cheio de tato e decente; jamais, na inocente conversa à mesa, discutiu questões que não caberia resolver ali, e sim na visita médica" (p. 397-8). Mesmo numa questão de negócios, que tocava os interesses de toda a família, ele interveio na época de forma objetiva e apropriada (p. 401 e 510).

Nas repetidas petições ao tribunal, mediante as quais o dr. Schreber lutava por sua liberação, ele não negava de forma alguma seu delírio e não ocultava sua intenção de publicar as *Memórias*. Ele acentuava, antes, o valor de seus raciocínios para a vida religiosa e sua indecomponibilidade pela ciência atual; ao mesmo tempo, porém, também apelava ao caráter absolutamente inofensivo (p. 430) de todas aquelas ações às quais se sabia forçado pelo conteúdo do delírio. A perspicácia e a precisão lógica desse homem reconhecido como

I. História clínica

paranoico acabaram levando-o ao triunfo. Em julho de 1902, a interdição imposta ao dr. Schreber foi anulada; no ano seguinte, as *Memórias de um doente dos nervos* foram publicadas sob a forma de livro, porém censuradas e despojadas de alguns trechos valiosos de seu conteúdo.

Na decisão que devolveu a liberdade ao dr. Schreber, o conteúdo de seu sistema delirante é resumido em poucas frases: "Ele se julga chamado a salvar o mundo e devolver-lhe a bem-aventurança perdida. Porém, alega que só poderá fazê-lo se antes se transformar, do homem que é, em mulher" (p. 475).

Podemos obter uma exposição mais detalhada do delírio em sua configuração definitiva a partir do parecer redigido em 1899 pelo médico psiquiatra dr. Weber: "O sistema delirante do paciente culmina no fato de que teria sido chamado a salvar o mundo e devolver à humanidade a bem-aventurança perdida. Ele teria chegado a essa tarefa, afirma, por meio de inspiração divina direta, de modo semelhante ao que é ensinado a respeito dos profetas; pois precisamente nervos mais excitados, como teriam sido os seus por tão longo tempo, teriam a qualidade de atrair Deus, mas aí se trataria de coisas que ou não se consegue expressar de forma alguma pela linguagem humana, ou apenas de maneira muito difícil, pois estariam fora de toda experiência humana e teriam sido reveladas somente a ele. O mais essencial em sua missão salvadora seria primeiramente sua *transformação em mulher*. Não que ele *queira* transformar-se em mulher; trata-se antes de um 'imperativo' fundado na ordem do mundo, ao qual ele simplesmente não poderia escapar, ainda que pessoalmente preferisse muito mais continuar em sua honrada posição masculina na vida, mas o além não poderia ser reconquistado por ele e por toda a humanidade restante senão por meio de uma iminente transformação em mulher, talvez somente após o transcurso de muitos anos ou décadas, por via de um milagre divino. Ele seria – isso é algo certo para ele – o objeto exclusivo dos milagres divinos, e assim, o homem mais notável que jamais viveu na Terra; faz anos, a cada hora e a cada minuto, ele experimentaria esses milagres em seu corpo, também obtendo confirmação deles pelas vozes que com ele falariam. Nos primeiros anos de sua doença, ele teria experimentado destruições de vários órgãos de seu corpo que há muito teriam matado qualquer outro homem; por muito tempo teria vivido sem estômago, sem intestinos, quase sem pulmões, com o esôfago dilacerado, sem vesícula, com costelas quebradas, teria muitas vezes comido parte da própria laringe etc., mas milagres divinos ('raios') teriam sempre restaurado o que fora destruído e, por isso, enquanto continuar sendo um homem, não morreria de modo algum. Esses fenômenos ameaçadores teriam desaparecido há tempo; em contrapartida, teria passado ao primeiro plano sua 'feminilidade', que seria um processo de desenvolvimento que provavelmente ainda exigiria décadas, se não séculos, até se completar, e cujo fim dificilmente seria presenciado por alguma das pessoas hoje vivas. Ele afirmava ter a sensação de que 'nervos femininos' já tinham passado em massa para seu

I. História clínica

corpo, dos quais, por meio da fecundação direta de Deus, resultariam novos seres humanos. Só então ele poderia morrer uma morte natural e teria reconquistado para si, como para todos os seres humanos, a bem-aventurança. Entretanto, não só o Sol, mas também as árvores e os pássaros, que seriam algo como 'restos miraculados de antigas almas humanas', falariam com ele usando sons humanos, e por toda parte aconteceriam prodígios ao seu redor" (p. 386-8).

Via de regra, o interesse do psiquiatra prático por tais formações delirantes esgota-se quando constata o resultado do delírio e avalia sua influência sobre o modo de vida do doente; seu assombro não é o começo de sua compreensão. De seu conhecimento das psiconeuroses, o psicanalista traz consigo a suspeita de que também formações de pensamento tão estranhas, tão distantes do pensamento habitual das pessoas, tiveram sua origem nas moções mais universais e mais compreensíveis da vida psíquica, e gostaria de conhecer tanto os motivos quanto as vias dessa transformação. Com esse propósito, ele se aprofundará de bom grado tanto na história evolutiva quanto nos pormenores do delírio.

a) O perito médico destaca que os dois pontos principais são o *papel de salvador* e a *transformação em mulher*. O delírio de salvador é uma fantasia que nos é familiar; constitui com muita frequência o cerne da paranoia religiosa. O acréscimo de que a salvação tenha de ocorrer pela transformação do homem em mulher é incomum e, em si mesmo, surpreendente, visto que se afasta muito do mito histórico que a fantasia do doente pretende reproduzir.

É natural supor, com o parecer médico, que a ambição de fazer o papel de salvador é o elemento impulsionante desse complexo de delírios, no qual a *emasculação* apenas poderia reivindicar o significado de um meio para esse fim. Por mais que isso se apresente assim na configuração definitiva do delírio, o estudo das *Memórias* nos impõe uma concepção completamente diferente. Tomamos conhecimento de que a transformação numa mulher (emasculação) foi o delírio primário, que ela foi julgada inicialmente como um ato de grave prejuízo e perseguição, e que apenas secundariamente entrou em relação com o papel de salvador. Também se torna indubitável que ela deveria ocorrer de início para fins de abuso sexual, e não a serviço de intenções mais elevadas. Expressando isso em termos formais, um delírio sexual de perseguição transformou-se posteriormente para o paciente em delírio religioso de grandeza. De início, o médico responsável, prof. Flechsig, era considerado o perseguidor; mais tarde, o próprio *Deus* tomou seu lugar.

Apresento aqui, na íntegra, os trechos comprobatórios das *Memórias*: "Dessa maneira, consumou-se um complô dirigido contra mim (por volta de março ou abril de 1894), que ia no sentido de, uma vez reconhecida ou aceita a incurabilidade de minha doença nervosa, entregar-me a um homem de modo que minha alma lhe fosse deixada, mas meu corpo – numa compreensão equivocada da antes assinalada tendência subjacente à

I. História clínica

ordem do mundo – fosse transformado num corpo feminino e, como tal, deixado ao homem em questão[4] para ser abusado sexualmente e então simplesmente 'largado', ou seja, entregue à decomposição" (p. 56).

"Ao mesmo tempo, era completamente natural, do ponto de vista humano que então ainda me dominava prioritariamente, que eu visse meu verdadeiro inimigo tão somente no prof. Flechsig ou em sua alma (mais tarde, juntou-se ainda a alma de Von W., a respeito do que falarei adiante em maiores detalhes) e considerasse como minha natural aliada a onipotência de Deus, que eu julgava estar em situação precária apenas frente ao prof. Flechsig e, por isso, acreditava precisar apoiá-la com todos os meios imagináveis até o ponto do autossacrifício. Que o próprio Deus tenha sido cúmplice, se não até o instigador do plano orientado ao assassinato da alma a ser cometido contra mim e ao abandono de meu corpo sob a forma de uma rapariga[5], eis um pensamento que me ocorreu apenas muito mais tarde e até, conforme posso dizer, do qual em parte apenas obtive clara consciência durante a redação do presente ensaio" (p. 59).

"Fracassaram todas as tentativas dirigidas à prática de um assassinato da alma, à emasculação para fins

---

4. Do contexto deste e de outros trechos, depreende-se que o homem em questão, que praticaria o abuso, não era outro senão Flechsig (ver mais adiante).

5. Em seus usos no português brasileiro, as duas principais conotações de "rapariga" – "moça" e "meretriz" – tornam o termo bastante apropriado para verter o alemão *Dirne*, igualmente ambíguo e arcaizante. (N.T.)

*contrários à ordem do mundo*³⁴ (isto é, à satisfação dos desejos sexuais de um homem) e, mais tarde, à destruição de meu entendimento. Saio como vencedor da luta aparentemente tão desigual entre um único e fraco homem e o próprio Deus, ainda que após alguns amargos sofrimentos e privações, pois a ordem do mundo está do meu lado" (p. 61).

Na nota 34 anuncia-se então a posterior transformação do delírio de emasculação e da relação com Deus: "O fato de uma emasculação se achar no âmbito do possível para um outro fim – um fim *conforme* à ordem do mundo –, talvez inclusive contendo a provável solução do conflito, ainda será explicado mais adiante".

Essas declarações são decisivas para a compreensão do delírio de emasculação e, assim, para o entendimento do caso em si. Acrescentemos que as "vozes" que o paciente ouvia jamais tratavam a transformação em mulher senão como uma infâmia sexual devido à qual podiam escarnecer do doente. "Com relação à emasculação supostamente iminente, raios divinos⁶ não raro acreditavam poder me escarnecer chamando-me de *Miss Schreber*" (p. 127). – "Então esse que se deixa f...⁷ pretende ter sido um presidente da Suprema Corte?" – "O senhor não tem vergonha da senhora sua esposa?"

---

6. Os "raios divinos", conforme se mostrará, são idênticos às vozes que falam a "língua fundamental".
7. Essa omissão bem como todas as demais peculiaridades estilísticas foram copiadas das *Memórias*. Eu próprio não saberia de nenhum motivo para ser tão pudico num assunto sério.

I. História clínica

Além disso, a natureza primária da fantasia de emasculação e sua independência inicial da ideia de salvador são atestadas pela "ideia" mencionada no início, surgida no semissono, de que deveria ser belo ser uma mulher que se entrega ao coito (p. 36). Essa fantasia se tornara consciente no período de incubação da doença, ainda antes do efeito da sobrecarga em Dresden. O mês de novembro de 1895 é indicado pelo próprio Schreber como o período em que se estabeleceu o nexo entre a fantasia de emasculação e a ideia de salvador, preparando-se desse modo uma conciliação com a primeira. "Mas, a partir de então, tornou-se indubitavelmente consciente para mim que a ordem do mundo exigia de modo imperioso a emasculação, quer ela me agradasse pessoalmente ou não, e que assim, *por motivos racionais*, nada me restava senão habituar-me com o pensamento da transformação numa mulher. Como consequência da emasculação, naturalmente só cabia considerar uma fecundação pelos raios divinos com a finalidade de criar novos seres humanos" (p. 177).

A transformação em mulher fora o *punctum saliens*[8], o primeiro germe da formação delirante; ela também se revelou como a única parte que sobreviveu ao restabelecimento, e a única que conseguiu afirmar seu lugar no agir real do homem recuperado. "A *única coisa* que aos olhos de outras pessoas pode ser considerada como algo irracional é a circunstância, também abordada pelo senhor perito, de que às vezes sou encontrado em casa usando

---
8. Latim: ponto principal. (N.T.)

algum adorno feminino (fitas, colares de bijuteria etc.), com a parte superior do corpo meio despida, diante do espelho ou em algum outro lugar. De resto, isso acontece apenas *quando estou sozinho*, jamais, pelo menos até onde posso evitá-lo, diante de outras pessoas" (p. 429). O sr. presidente da Suprema Corte confessou essas brincadeiras num momento (julho de 1901) em que encontrou esta expressão certeira para sua recuperada saúde prática: "Agora já sei há muito que as pessoas que vejo diante de mim não são 'homens fugazmente esboçados', e sim pessoas reais, e que, por isso, tenho de me comportar em relação a elas do modo como um homem sensato costuma fazer no trato com outros homens" (p. 409). Em oposição a essa atividade da fantasia de emasculação, o doente jamais fez outra coisa para o reconhecimento de sua missão de salvador senão precisamente a publicação de suas *Memórias*.

b) A relação de nosso doente com *Deus* é tão peculiar e repleta de determinantes contraditórios que se requer uma boa medida de confiança caso se queira conservar a expectativa de que essa "loucura" tenha lá o seu "método".[9] Temos de obter agora, com a ajuda das declarações encontradas nas *Memórias*, uma orientação mais exata sobre o sistema psicológico-teológico do dr. Schreber e expor suas opiniões sobre os *nervos*, a

---

9. Ver a fala de Polônio sobre Hamlet: "Loucura embora, tem lá o seu método" (Shakespeare, *Hamlet*, ato II, cena 2. Trad. de Millôr Fernandes. L&PM Pocket, 4). (N.T.)

I. História clínica

bem-aventurança, a *hierarquia divina* e as *qualidades de Deus* em sua concatenação aparente (delirante). Em todas as partes da teoria, chama a atenção a curiosa mistura de coisas triviais e espirituosas, de elementos tomados de empréstimo e originais. A alma humana está contida nos *nervos* do corpo, que cabe imaginar como formações de extraordinária finura – comparáveis aos mais finos retroses. Alguns desses nervos só são aptos à recepção de percepções sensoriais; outros (*os nervos do entendimento*) dão conta do inteiro âmbito psíquico, caso em que tem lugar a relação de que *cada nervo do entendimento representa toda a individualidade intelectual do homem*, e o maior ou menor número de nervos do entendimento existentes apenas tem influência sobre o lapso durante o qual as impressões podem ser retidas.[10]

Enquanto os seres humanos são constituídos de corpo e nervos, Deus é de antemão apenas nervo. Contudo, os nervos divinos não existem em número limitado, como

---

10. Na nota a essa doutrina sublinhada por Schreber, ressalta-se sua utilidade para explicar a hereditariedade. "A semente masculina contém um nervo do pai e se une a um nervo tomado do corpo da mãe, formando uma nova unidade" (p. 7). Há portanto aí uma característica, que temos de atribuir ao espermatozoide, sendo transferida aos nervos e, assim, tornando plausível a origem dos "nervos" schreberianos a partir do círculo das representações sexuais. Não é assim tão raro nas *Memórias* que uma observação feita de passagem a uma doutrina delirante contenha a desejada indicação da gênese e, por conseguinte, do significado do delírio.

no corpo humano, mas são infinitos, ou eternos. Possuem todas as qualidades dos nervos humanos numa medida enormemente intensificada. Em sua capacidade de criar – quer dizer, transformar-se em todas as coisas possíveis do mundo criado –, são chamados de *raios*. Há uma íntima relação entre Deus e o firmamento estrelado ou o Sol.[11] Após a obra da criação, Deus se retirou a uma distância colossal (p. 10-1 e 252) e deixou o mundo em geral entregue às próprias leis. Limitou-se a puxar para si as almas dos falecidos. Apenas excepcionalmente ele gosta de se colocar em contato com algumas pessoas altamente talentosas[12] ou intervir nos destinos do mundo com um milagre. Segundo a ordem do mundo, uma relação regular de Deus com as almas humanas ocorre apenas após a morte.[13] Assim que um ser humano morre, as partes de sua alma (nervos) são submetidas a um processo de purificação para finalmente serem ligadas ao próprio Deus na qualidade de "átrios do céu". Surge assim um eterno ciclo das coisas, que está na base da ordem do mundo. Ao criar algo, Deus renuncia a uma parte de si mesmo, dá uma forma modificada a uma parte de seus nervos. A perda que aparentemente acontece nesse processo é reparada,

---

11. Sobre essa relação, ver mais adiante: Sol. – A equiparação (ou, antes, condensação) entre nervos e raios pode facilmente ter tomado seu elemento comum de sua aparência linear. – Os nervos-raios, aliás, são tão criadores quanto os nervos-espermatozoides.

12. Na "língua fundamental" (ver adiante), isso é chamado de "lançar nelas um apêndice nervoso".

13. Mais adiante, tomaremos conhecimento das críticas a Deus que a isso se relacionam.

I. História clínica

por sua vez, quando, após séculos e milênios, os nervos de pessoas falecidas, tornados bem-aventurados, lhe são acrescidos sob a forma de "átrios do céu" (p. 18-9, nota).

As almas limpas pelo processo de purificação acham-se no gozo da *bem-aventurança*.[14] Entretanto, debilitaram sua consciência de si e se fundiram com outras almas em unidades superiores. Almas importantes, como a de um Goethe, de um Bismarck etc., têm de conservar sua consciência de identidade talvez por séculos até que elas próprias possam ser absorvidas por complexos de almas mais elevados (como "raios de Jeová" para o judaísmo antigo, "raios de Zoroastro" para o mundo persa).

Durante a purificação, as almas aprendem "a língua falada pelo próprio Deus, a chamada 'língua fundamental', um alemão um tanto arcaico, mas de todo modo vigoroso, que se distingue sobretudo por uma grande riqueza de eufemismos" (p. 13).[15]

O próprio Deus não é um ser simples. "Sobre os 'átrios do céu' paira o próprio Deus, a quem, em opo-

---

14. Esta consiste essencialmente numa sensação voluptuosa (ver adiante).

15. Uma única vez durante sua doença foi concedido ao paciente ver diante de seus olhos espirituais a onipotência de Deus em sua completa pureza. Nessa ocasião, Deus disse a seguinte palavra, bastante comum na língua fundamental, palavra vigorosa, mas que não soa amistosamente: *Luder!* (p. 136). [Em um de seus sentidos mais antigos, *Luder* significa "carniça", termo que também se aplica ao cadáver humano devorado por animais, acepção com a qual se relaciona o insulto "pessoa/criatura ordinária", "canalha", que parece ser o sentido em questão aqui. (N.T.)]

sição a esses 'reinos divinos dianteiros' também se deu o nome de 'reinos divinos traseiros'. Os reinos divinos traseiros estavam (e ainda estão agora) sujeitos a uma peculiar divisão, segundo a qual se distinguia entre um Deus inferior (Arimã) e um Deus superior (Ormuz)" (p. 19). Sobre o significado mais detalhado dessa divisão, Schreber nada sabe dizer senão que o Deus inferior teve maior inclinação pelos povos de raça morena (os semitas), e o superior, pelos povos louros (arianos). Mais não se poderá exigir do conhecimento humano acerca de tais alturas. De qualquer modo, ainda ficamos sabendo que o Deus inferior e o superior, "a despeito da unidade da onipotência divina existente sob certo aspecto, devem ser compreendidos como seres diferentes, que, cada qual, *também na sua relação mútua*, têm seu egoísmo particular e seu impulso[16] particular de autoconservação, e que, por isso, sempre aspiram por passar um à frente do outro" (p. 140, nota). Os dois seres divinos também se portaram de maneira completamente diferente em relação ao infeliz Schreber durante o estágio agudo da doença.[17]

Nos dias de saúde, o presidente da Suprema Corte Schreber fora um cético em assuntos religiosos (p. 29 e 64); não fora capaz de elevar-se a uma crença firme na existência de um Deus pessoal. Inclusive extrai desse fato de sua história prévia um argumento para apoiar a plena

---

16. "Impulso" sempre traduz *Trieb*. (N.T.)
17. Uma nota (p. 20) permite deduzir que um trecho do *Manfredo*, de Byron, foi decisivo para a escolha dos teônimos persas. Ainda encontraremos a influência desse poema em outra ocasião.

I. História clínica

realidade de seu delírio.¹⁸ No entanto, quem tomar conhecimento do que segue acerca dos atributos de caráter do Deus schreberiano terá de dizer que a transformação gerada pelo adoecimento paranoico não foi muito profunda e que no salvador de agora ainda sobrou muita coisa do cético de antes.

É que a ordem do mundo apresenta uma lacuna devido à qual a própria existência de Deus parece ameaçada. Graças a uma conexão que não pode ser esclarecida em maiores detalhes, os nervos dos seres humanos *vivos*, sobretudo no estado *de uma excitação em alto grau*, exercem uma atração tal sobre os nervos divinos que Deus não consegue mais se livrar deles, ou seja, é ameaçado em sua própria existência (p. 11). Esse caso extraordinariamente raro estava acontecendo com Schreber e resultava nos maiores sofrimentos para ele. Em virtude disso, ativou-se o impulso de autoconservação de Deus (p. 30) e se verificou que Deus está muito longe da perfeição que as religiões lhe atribuem. O livro inteiro de Schreber é perpassado pela queixa amarga de que Deus, habituado apenas ao trato com defuntos, *não compreende as pessoas vivas*.

---

18. "Que *em minha pessoa* ocorram meras ilusões sensoriais já me parece psicologicamente impensável de antemão. Pois a ilusão sensorial de se relacionar com Deus ou com almas mortas pode ocorrer justificadamente apenas em pessoas que, em seu estado nervoso patologicamente excitado, já tenham trazido consigo uma crença firme em Deus e na imortalidade da alma. *Mas, de acordo com o que mencionei no início deste capítulo, esse não era de forma alguma o meu caso*" (p. 79).

"Mas nisso há *um mal-entendido fundamental* que desde então perpassa toda a minha vida como um fio vermelho e que consiste precisamente no fato de que *Deus, de acordo com a ordem do mundo, realmente não conhece as pessoas vivas* e não precisa conhecê-las, mas, conforme a ordem do mundo, se relaciona apenas com cadáveres" (p. 55). – "Esse fato [...] tem de ser relacionado, por sua vez, segundo minha convicção, com o fato de Deus, por assim dizer, não saber lidar com as pessoas vivas, mas estar habituado apenas ao trato com cadáveres ou, quando muito, com as pessoas deitadas a dormir (a sonhar)" (p. 141). "*Incredibile scriptu*[19], eu mesmo gostaria de acrescentar, e no entanto tudo é de fato verdadeiro, por menos que outras pessoas venham a compreender a ideia de uma incapacidade tão completa de Deus para julgar corretamente os seres humanos vivos, e por maior que também tenha sido o tempo que precisei para me habituar a essa ideia após as inúmeras observações feitas a respeito" (p. 246).

Apenas em consequência desse mal-entendido de Deus quanto aos vivos é que o próprio Deus pôde se tornar o instigador do complô dirigido contra Schreber, tomá-lo por imbecil e impor-lhe as mais árduas provações (p. 264). Ele se submeteu a uma "compulsão a pensar" altamente incômoda a fim de escapar dessa condenação. "A cada suspensão de minha atividade de pensamento, Deus instantaneamente considera extintas minhas capacidades intelectuais, iniciada a destruição do

---

19. Latim: (coisa) incrível de se escrever. (N.T.)

I. História clínica

entendimento (a imbecilidade) esperada por ele e, assim, dada a possibilidade de uma retirada" (p. 206).

Uma indignação especialmente violenta é causada pelo comportamento de Deus no assunto da necessidade de evacuar ou cag. O trecho é tão característico que quero citá-lo na íntegra. Para sua compreensão, adianto que tanto os milagres como também as vozes provêm de Deus (isto é, dos raios divinos).

"Devido a seu significado característico, tenho de dedicar à questão acima mencionada, 'Por que afinal o senhor não cag.?', mais algumas observações, por menos decente que seja o tema que aí sou forçado a tocar. É que, como todo o resto em meu corpo, também a necessidade de evacuação é produzida por milagres; isso acontece na medida em que o excremento é impelido para a frente nos intestinos (às vezes, também para trás), e quando, em consequência de evacuações já ocorridas, não há mais material suficiente, pelo menos os escassos restos ainda existentes do conteúdo intestinal são lambuzados sobre minha abertura do traseiro. Trata-se aí de um milagre do Deus superior, que a cada dia é repetido pelo menos várias dúzias de vezes. A isso se relaciona a ideia, verdadeiramente incompreensível aos seres humanos e apenas explicável pelo completo desconhecimento de Deus a respeito do homem vivente enquanto organismo, de que o 'cag.' é de certo modo a coisa última, isto é, com o milagre em relação à necessidade de cag. se alcança a meta da destruição do entendimento e é dada a possibilidade de uma retirada definitiva dos raios. Segundo me parece, para ir fundo na origem dessa ideia é preciso pensar na existência de um mal-entendido quanto ao significado simbólico do ato de evacuação, a saber, que aquele que entrou numa relação com os raios divinos correspondente à minha de certo modo está autorizado a cag. para o mundo inteiro.

"Mas, ao mesmo tempo, também se manifesta aí toda a perfídia[20] da política que é observada em relação a mim. Quase a cada vez em que a necessidade de evacuação me é miraculada, mandam – ao estimular os nervos da pessoa em questão para tanto – qualquer outra pessoa de minha roda à privada a fim de me atrapalhar na evacuação; trata-se de um fenômeno que há anos já observo tão incontáveis vezes (milhares delas) e de maneira tão regular que se exclui qualquer pensamento num acaso. Mas, quanto a mim mesmo, prossegue-se respondendo à questão: 'Por que afinal o senhor não cag.?', com esta esplêndida resposta: 'Porque sou um tanto imbecil'. A pena quase resiste a escrever o formidável absurdo de que Deus, em sua cegueira baseada na ignorância da natureza humana, de fato vai tão longe a ponto de supor que poderia haver um ser humano que – algo que qualquer animal pode fazer – não pudesse cag. devido à imbecilidade. Se então, no caso de uma necessidade, realmente evacuo – para o que, visto que quase sempre encontro a privada ocupada, via de regra

---

20. Nesse ponto, uma nota se esforça por atenuar a dura palavra "perfídia" mediante a referência a uma das justificações de Deus a serem ainda mencionadas.

I. História clínica

me sirvo de um balde –, isso sempre está ligado a uma liberação extremamente vigorosa de volúpia da alma. É que o alívio da pressão causada pelas fezes presentes nos intestinos resulta num intenso bem-estar para os nervos da volúpia; o caso é o mesmo ao mijar. Por essa razão, sempre e sem qualquer exceção, todos os raios sempre estiveram unidos ao evacuar e mijar; por essa mesmíssima razão também se busca sempre, quando me preparo para executar essas funções naturais, desmiracular a necessidade de evacuar e mijar, ainda que em vão na maioria das vezes" (p. 225-7).[21]

O estranho *Deus* de Schreber tampouco é capaz de aprender algo da experiência: "Graças a alguma qualidade que reside na essência de Deus, extrair da experiência assim obtida um ensinamento para o futuro parece uma impossibilidade" (p. 186). Por isso, ele pode repetir por anos a fio, sem variação, as mesmas torturantes provações, milagres e declarações das vozes até se tornar objeto de zombaria aos olhos do perseguido.

"Disso resulta que Deus, em quase tudo o que acontece comigo depois que os milagres perderam em grande parte seu terrível efeito anterior, me parece essencialmente ridículo ou pueril. Disso se segue para meu comportamento que com frequência eu seja forçado por legítima defesa, conforme meu estado de saúde, a fazer o

---

21. Compare-se essa admissão do prazer excretório, que ficamos conhecendo como um dos componentes autoeróticos da sexualidade infantil, com as declarações do pequeno Hans na "Análise da fobia de um menino de cinco anos" (1909 *b*).

papel de *zombador de Deus* também com palavras ditas em alta voz [...]" (p. 333).[22]

Entretanto, essa crítica a Deus e essa rebelião contra ele encontram em Schreber uma enérgica corrente contrária, que recebe expressão em inúmeras passagens: "Porém, também tenho de ressaltar aqui da forma mais resoluta que aí se trata de apenas um episódio, que, como espero, alcançará seu termo o mais tardar com meu falecimento e que, por isso, o direito de zombar de Deus cabe apenas a mim, mas não a outras pessoas. Para os outros seres humanos, Deus continua sendo o onipotente criador do céu e da terra, o fundamento primordial de todas as coisas e a salvação de seu futuro, a quem – mesmo que algumas das ideias religiosas tradicionais necessitem de uma retificação – se deve adoração e máxima veneração" (p. 333-4).

Por isso, tenta-se repetidas vezes justificar Deus por causa de seu comportamento em relação ao paciente, justificação que, tão rebuscada como todas as teodiceias, ora encontra a explicação na natureza geral das almas, ora na obrigação de Deus de conservar a si mesmo e na influência desnorteante da alma de Flechsig (p. 60-1 e 160). Porém, em seu conjunto, a doença é compreendida como uma luta do homem Schreber contra Deus, da qual o débil homem sai vitorioso porque tem a ordem do mundo do seu lado (p. 61).

---

22. Mesmo na "língua fundamental" Deus não era sempre a parte xingadora, mas, vez por outra, também a xingada; por exemplo: "Ô maldição, não é fácil dizer que o amado Deus se deixa f." (p. 194).

I. História clínica

Dos pareceres médicos seria fácil concluir que no caso de Schreber se estava lidando com a forma usual da fantasia de salvador. A pessoa em questão seria filho de Deus, destinada a salvar o mundo de sua queda ou da ruína que o ameaça etc. Por isso, não deixei de apresentar detalhadamente as peculiaridades da relação de Schreber com Deus. A importância que essa relação tem para a humanidade restante é mencionada nas *Memórias* apenas raramente e só no fim da formação delirante. Consiste essencialmente no fato de nenhum falecido poder se tornar bem-aventurado enquanto sua pessoa (a de Schreber) absorver, graças à sua força atrativa, a massa principal dos raios divinos (p. 32). A franca identificação com Jesus Cristo também aparece apenas bastante tarde (p. 338 e 431).

Nenhuma tentativa de explicação do caso Schreber terá perspectiva de acerto se não levar em conta essas peculiaridades de sua ideia de Deus, essa mistura de traços de veneração e de rebeldia. Voltamo-nos agora a um outro tema que se encontra em estreita relação com Deus, o da *bem-aventurança*.

Também para Schreber a bem-aventurança é "a vida no além", à qual a alma humana é elevada por meio da purificação após a morte. Ele a descreve como um estado de gozo ininterrupto, ligado à contemplação de Deus. Ora, isso não é nada original, mas, em contrapartida, somos surpreendidos pela distinção que Schreber faz entre uma bem-aventurança masculina e uma feminina. "A bem-aventurança masculina estava num nível mais alto do que a feminina, esta parecendo consistir principalmente numa sensação ininterrupta de volúpia" (p. 18).²³ Outros trechos anunciam a convergência de bem-aventurança e volúpia numa linguagem mais clara e sem referência à diferença entre os sexos, assim como também não se trata mais do componente da bem-aventurança que é a contemplação de Deus. Por exemplo: "[...] com a natureza dos nervos divinos, graças aos quais a bem-aventurança [...], embora não exclusivamente, é pelo menos, ao mesmo tempo, uma intensificada sensação de volúpia" (p. 51). E: "A volúpia deve ser compreendida como uma parcela de bem-aventurança concedida de antemão, por assim dizer, ao ser humano e a outras criaturas vivas" (p. 281), de modo que a bem-aventurança celeste deveria ser compreendida essencialmente como uma intensificação e uma continuação do prazer sensual terreno!

Essa concepção da bem-aventurança não é de modo algum uma parte do delírio schreberiano oriunda dos primeiros estágios da doença, eliminada depois por ser incompatível. Ainda na "fundamentação da apelação" (julho de 1901), o doente destaca, como uma de suas grandes percepções, "que a volúpia se encontra em íntima relação – ainda não reconhecível para outros

---

23. Está inteiramente no espírito da realização de desejos da vida no além que lá finalmente nos livremos da diferença entre os sexos. "E aquelas figuras celestes / Não perguntam por homem e mulher" (Mignon). [Goethe, *Os anos de aprendizado de Wilhelm Meister*, livro VIII, capítulo 2. (N.T.)]

I. História clínica

seres humanos – com a bem-aventurança dos espíritos falecidos".[24]

Ora, veremos que essa "íntima relação" é a rocha sobre a qual o doente edificou a esperança de uma reconciliação final com Deus e de um cessar para seus sofrimentos. Os raios de Deus perdem sua disposição hostil tão logo estejam seguros de ser absorvidos em seu corpo com volúpia da alma (p. 133); o próprio Deus exige encontrar nele a volúpia (p. 283) e o ameaça com a retirada de seus raios quando ele negligencia o cultivo da volúpia e não pode oferecer o exigido a Deus (p. 320).

Essa surpreendente sexualização da bem-aventurança celeste nos dá a impressão de que o conceito de bem-aventurança [*Seligkeit*] de Schreber surgiu pela condensação dos dois principais sentidos da palavra alemã: *falecido* e *sensualmente feliz*.[25] Porém, também encontraremos nela a ocasião de colocar à prova a relação de nosso paciente com o erotismo em geral, com as questões do gozo sexual, pois nós, psicanalistas, defendemos até agora a opinião de que as raízes de qualquer adoecimento nervoso e psíquico podem ser encontradas prioritariamente na vida sexual, e, para sermos mais exatos, alguns de nós

---

24. Sobre a possível profundidade desse achado schreberiano, ver adiante.
25. "Meu falecido [*seliger*] pai" e o texto da ária de *Don Juan*: "Sim, ser teu para sempre, / Quão feliz [*selig*] serei", como representantes extremos dos dois significados. Mas não pode ser desprovido de sentido que nossa língua empregue a mesma palavra para situações tão diferentes.

apenas por razões de experiência, outros também devido a considerações teóricas. Depois das amostras do delírio schreberiano dadas até aqui, pode ser rejeitado sem cerimônias o receio de que precisamente esse adoecimento paranoide pudesse se revelar como o "caso negativo" por tanto tempo buscado em que a sexualidade representasse um papel bastante pequeno. O próprio Schreber se expressa incontáveis vezes de tal maneira, como se fosse um adepto de nosso preconceito. Sempre menciona "nervosidade" e transgressão erótica num só fôlego, como se as duas coisas não pudessem ser separadas.[26]

Antes de seu adoecimento, Schreber, presidente da Suprema Corte, fora um homem austero: "São poucos os homens" – afirma, e não vejo qualquer justificativa para desconfiar dele – "que cresceram com princípios morais tão rigorosos quanto eu e que por toda a sua vida,

---

26. "Se em algum corpo celeste a *depravação moral* ('libertinagens voluptuosas') *ou, talvez, também a nervosidade* tivessem atingido toda a humanidade de tal modo" – então, acredita Schreber, apoiando-se nos relatos bíblicos sobre Sodoma e Gomorra, sobre o dilúvio etc., poderia ter ocorrido uma catástrofe universal (p. 52). – "[...] teria espalhado medo e pavor entre os homens, destruído os fundamentos da religião e causado o alastramento *de uma nervosidade e de uma imoralidade gerais*, em consequência das quais epidemias devastadoras teriam se abatido sobre a humanidade" (p. 91). "Por isso, as almas provavelmente consideravam que o 'príncipe dos infernos' fosse a sinistra potência que pôde se desenvolver como inimiga de Deus devido a uma *decadência moral* da humanidade *ou devido a uma superexcitação nervosa geral decorrente do excesso de cultura*" (p. 163).

I. História clínica

sobretudo também no aspecto sexual, se impuseram uma reserva correspondente a esses princípios na medida que posso declarar a meu respeito" (p. 281). Após a séria luta psíquica que se manifestou exteriormente por meio dos sintomas da doença, mudou a relação com o erotismo. Chegara à compreensão de que o cultivo da volúpia era para ele um dever, cujo cumprimento, tão somente, poderia dar um fim ao sério conflito que irrompera dentro de si – ou, como acreditava, à sua volta. A volúpia se tornara, conforme lhe asseguravam as vozes, "devota" (p. 285), e ele apenas lamenta não ser capaz de se dedicar o dia inteiro a cultivá-la (*loc. cit.*).[27]

Este foi portanto o resultado da modificação patológica em Schreber segundo as duas direções principais de seu delírio. Antes, era um homem inclinado à ascese sexual e um cético em relação a Deus; após o transcurso da doença, um crente em Deus e alguém dedicado à volúpia. Porém, tal como sua recuperada crença em Deus era de um tipo estranho, o quinhão de gozo sexual que conquistara mostrava um caráter inteiramente incomum. Não era mais liberdade sexual masculina, e sim sentimen-

---

27. No contexto do delírio consta (p. 179-180): "*Contudo, a atração perdia seus pavores para os nervos correspondentes quando e até o ponto em que estes encontravam, ao entrar em meu corpo, o sentimento da volúpia da alma*, do qual, por sua vez, eles tomavam parte. Então encontravam em meu corpo um substituto inteiramente equivalente, ou pelo menos aproximado, da bem-aventurança celeste perdida, que consistia igualmente num gozo de feitio voluptuoso".

to sexual feminino; apresentava-se femininamente em relação a Deus, sentia-se mulher de Deus.[28] Nenhuma outra parte de seu delírio é tratada pelo doente de modo tão detalhado – tão insistente, poderíamos dizer – quanto a transformação em mulher por ele alegada. Os nervos que absorvera assumiram em seu corpo o caráter de nervos femininos da volúpia, e também sob outros aspectos lhe conferiram um jeito mais ou menos feminino, em especial, à sua pele, a maciez peculiar do sexo feminino (p. 87). Quando exerce uma leve pressão com a mão numa parte qualquer do corpo, ele sente esses nervos como estruturas em forma de fios ou cordões sob a superfície da pele, localizadas sobretudo no peito, no lugar em que na mulher se acham os seios. "Mediante uma pressão exercida sobre essas estruturas, sobretudo quando penso em algo feminino, consigo obter uma sensação voluptuosa correspondente à feminina" (p. 277). Ele sabe com certeza que, quanto à sua origem, essas estruturas não são outra coisa senão antigos nervos de Deus, que no entanto, devido à passagem a seu corpo, mal poderão ter

---

28. Nota do prefácio (p. 4): "Algo da concepção de Jesus Cristo por parte de uma virgem imaculada – quer dizer, de uma que jamais manteve relações com um homem –, algo parecido aconteceu em meu próprio corpo. Em dois momentos distintos (e, para ser mais exato, na época em que ainda estava no sanatório de Flechsig) já tive genitais femininos, embora um tanto mal desenvolvidos, e senti em meu corpo movimentos saltitantes como os que correspondem aos primeiros movimentos vitais do embrião humano: por milagre de Deus, foram lançados em meu corpo nervos divinos correspondentes ao esperma masculino; ocorrera portanto uma fecundação".

I. História clínica

perdido sua qualidade de nervos (p. 279). Ele é capaz, por meio de "desenhos" (imaginação visual), de dar a si mesmo e aos raios a impressão de que seu corpo é dotado de seios e genitais femininos: "Desenhar um traseiro feminino em meu corpo – *honny soit qui mal y pense*[29] – tornou-se de tal forma um hábito meu que o faço quase involuntariamente sempre que me abaixo" (p. 233). Ele quer "afirmar ousadamente que todo aquele que me vir parado diante do espelho com a parte superior do tronco desnuda – tanto mais que a ilusão é apoiada por alguns adornos femininos – receberá a impressão indubitável de um *busto feminino*" (p. 280). Ele desafia a investigação médica a constatar que todo o seu corpo, da cabeça aos pés, está perpassado por nervos da volúpia, o que, segundo sua opinião, ocorre apenas no corpo feminino, enquanto no homem, até onde ele sabe, os nervos da volúpia se encontram apenas no órgão sexual e nas adjacências imediatas (p. 274). A volúpia da alma que se desenvolveu graças a essa aglomeração dos nervos em seu corpo é tão forte que, sobretudo ao deitar-se na cama, necessita-se apenas um pequeno emprego da imaginação para obter um bem-estar sensual que proporciona um pressentimento bastante nítido do gozo sexual feminino durante o coito (p. 269).

---

29. Francês arcaico: execrado seja quem nisto vê malícia. Divisa da Ordem da Jarreteira, ordem de cavalaria fundada por Eduardo III (1312-1377), rei da Inglaterra; a expressão teria sido pronunciada quando ele juntou a liga (jarreteira) da condessa de Salisbury e, nesse gesto, levantou ligeiramente por descuido seu vestido. (N.T.)

Se nos recordarmos do sonho que ocorreu no período de incubação da doença, ainda antes da mudança para Dresden, torna-se evidente, acima de qualquer dúvida, que o delírio da transformação em mulher não é outra coisa senão a realização desse conteúdo onírico. Na ocasião, ele se opusera com indignação viril a esse sonho e, da mesma forma, defendera-se inicialmente contra seu cumprimento durante a doença; ele via a transformação em mulher como uma vergonha que lhe seria infligida com intenção hostil. Mas chegou um momento (novembro de 1895) em que ele começou a se reconciliar com essa transformação e a relacionou com intenções superiores de Deus. "Desde então, com plena consciência, fiz do cultivo da feminilidade minha bandeira" (p. 177-8).

Chegou então à convicção segura de que Deus em pessoa, para sua própria satisfação, exigia dele a feminilidade:

"Porém, tão logo – se é que posso me expressar assim – eu esteja sozinho com Deus, é para mim uma necessidade agir com todos os meios concebíveis e recorrendo a todas as forças de meu entendimento, em especial de minha imaginação, para que os raios divinos recebam de mim, com a maior continuidade possível, ou – visto que o ser humano simplesmente não pode fazê-lo – pelos menos em certos momentos do dia, a impressão de uma mulher que se delicia com sensações voluptuosas" (p. 281).

"Por outro lado, Deus exige um *gozo constante* que corresponda às condições, conformes à ordem do mundo, de existência das almas; é minha tarefa proporcionar-lhe isso [...] sob a forma do mais amplo desenvolvimento da

I. História clínica

volúpia da alma; na medida em que, ao fazê-lo, sobra para mim algo de gozo sensual, estou autorizado a tomá-lo como uma pequena indenização pelo excesso de sofrimentos e privações que há anos me é infligido; [...]" (p. 283).

"[...] conforme as impressões obtidas, acredito inclusive estar autorizado a manifestar a opinião de que Deus jamais chegaria a uma ação de retirada (devido à qual meu bem-estar físico sempre é consideravelmente piorado no início), mas que obedeceria à atração sem qualquer resistência e em constante uniformidade, se me fosse possível fazer *sempre* o papel de uma mulher que está deitada mantendo relações sexuais comigo mesmo, manter meu olhar *sempre* posto em seres femininos, contemplar *sempre* imagens femininas etc." (p. 284-5).

As duas partes principais do delírio de Schreber, a transformação em mulher e a relação privilegiada com Deus, são conectadas em seu sistema pela atitude feminina para com Deus. Será uma tarefa incontornável para nós demonstrar uma relação *genética* essencial entre essas duas partes; caso contrário, cairíamos com nossas elucidações do delírio de Schreber no ridículo papel que Kant, na famosa imagem da *Crítica da razão pura*, descreve como o do homem que segura a peneira enquanto um outro ordenha o bode.[30]

---

30. Imagem que remonta, por sua vez, ao filósofo cínico Demônax (c. 80-180), que, segundo o satirista grego Luciano de Samósata (120-180), usou-a para descrever uma disputa entre dois filósofos tolos: um levantava questões ridículas e o outro dava respostas igualmente descabidas. (N.T.)

II
Tentativas de interpretação

A tentativa de avançar até a compreensão dessa história clínica de paranoia, de descobrir nela os conhecidos complexos e forças impulsoras da vida psíquica, poderia ser feita a partir de dois lados. Das declarações delirantes do próprio doente e dos motivos de seu adoecimento. O primeiro caminho pode parecer sedutor desde que C.G. Jung nos deu o exemplo brilhante da interpretação de um caso incomparavelmente mais grave de *dementia praecox*, com manifestações sintomáticas incomparavelmente mais distantes do normal.[1] A alta inteligência e a comunicatividade do doente também parecem facilitar-nos a solução da tarefa por esse caminho. Não é nada raro que ele próprio coloque a chave em nossas mãos ao acrescentar, como que de passagem, uma explicação, uma citação ou um exemplo a uma frase delirante, ou ao contestar expressamente uma semelhança que a ele próprio ocorra. No último caso, apenas se precisa então deixar de lado a versão negativa, como se está acostumado a fazer na técnica psicanalítica, tomando o exemplo pelo fato genuíno, a citação ou a confirmação pela fonte, e eis que se está de posse da buscada tradução da forma de expressão paranoica para a normal. Um exemplo dessa técnica talvez mereça uma exposição mais detalhada.

1. C.G. Jung, 1907.

Schreber se queixa de ser importunado pelos chamados "pássaros miraculados" ou "pássaros falantes", aos quais atribui uma série de qualidades bastante chamativas (p. 208-14). Segundo sua convicção, são formados de restos de antigos "átrios do céu", ou seja, de almas humanas que foram bem-aventuradas, e, carregados com toxinas cadavéricas, foram atiçados contra ele. Foram colocados em condições de repetir "palavreados sem sentido que aprenderam de cor", que lhes foram "inculcados". Toda vez que descarregaram sobre ele sua carga de toxinas cadavéricas, isto é, "recitaram as frases feitas que de certo modo lhes foram inculcadas", eles se dissolvem em certa medida em sua alma com as palavras "sujeitinho maldito" ou "ô, maldição", as únicas que ainda são capazes de usar na expressão de um sentimento autêntico. Não compreendem o sentido das palavras que pronunciam, mas têm uma receptividade natural para a consonância dos sons, que não precisa ser completa. Por isso, pouco lhes importa que se diga:

Santiago ou *Cartago*,
chinesismo ou *cristianismo*,
poente ou *doente*,
Arimã ou *irmã* etc. (p. 210).

Enquanto se lê essa descrição, é impossível escapar à ideia de que deve se referir a mocinhas, que são comparadas com gansas quando se está com um ânimo crítico, às quais se atribui, de forma nada galante, um "cérebro

II. Tentativas de interpretação

de ave", de quem se afirma que não sabem falar nada senão frases feitas decoradas e que revelam sua incultura ao confundir estrangeirismos que soam parecidos. O "sujeitinho maldito", a única expressão que pronunciam a sério, seria então o triunfo do homem jovem que conseguiu impressioná-las. E, vejam só, algumas páginas depois (p. 214) topamos com as frases de Schreber que corroboram tal interpretação. "A um grande número das restantes almas de pássaro dei zombeteiramente, para diferenciá-las, nomes de moças, visto que todas podem ser comparadas em primeiro lugar com mocinhas devido à sua curiosidade, sua tendência à volúpia etc. Esses nomes de moças, então, também foram em parte tomados pelos raios divinos e conservados para a designação das almas de pássaro em questão." Dessa interpretação fácil dos "pássaros miraculados" tomamos então uma indicação para compreender os enigmáticos "átrios do céu".

    Não ignoro que sempre se requer uma boa medida de tato e de reserva quando abandonamos os casos típicos de interpretação no trabalho psicanalítico, e que o ouvinte ou o leitor só nos acompanhará até o ponto em que o permita a familiaridade por ele obtida com a técnica analítica. Temos portanto toda razão de nos acautelarmos para que uma medida reduzida de certeza e credibilidade não ande em paralelo a um emprego aumentado de sagacidade. É da natureza do tema, então, que um profissional exagere na cautela, e o outro, na ousadia. Só poderemos estabelecer os limites apropriados da justificação à interpretação após muitas tentativas e

um melhor conhecimento do objeto. No trabalho com
o caso de Schreber, a reserva me é prescrita pela circunstância de que as resistências à publicação das *Memórias*
tiveram o resultado de subtrair ao nosso conhecimento
uma parte considerável do material, e provavelmente
a mais significativa à compreensão.[2] Assim, por exemplo, o terceiro capítulo do livro, que começou com este
promissor anúncio: "Trato agora, de início, de alguns
acontecimentos envolvendo *outros membros de minha
família*, acontecimentos que, como se pode imaginar,
poderiam estar relacionados ao pressuposto assassinato
da alma e os quais, em todo caso, ostentam todos eles
um cunho mais ou menos enigmático, difícil de esclarecer de acordo com as experiências humanas usuais"
(p. 33), termina imediatamente depois com esta frase:
"O conteúdo restante do capítulo foi omitido por ser
impróprio à publicação". Assim, terei de me contentar
caso consiga explicar precisamente o cerne da formação

---

2. Parecer do dr. Weber: "Se lançarmos um olhar ao conteúdo
de seu livro, se considerarmos a abundância de indiscrições nele
contidas quanto a ele próprio e a outros, a descrição desenvolta
de situações e processos delicadíssimos e verdadeiramente impossíveis do ponto de vista estético, o emprego dos mais chocantes
palavrões etc., consideraríamos inteiramente incompreensível
que um homem que costumava se destacar pelo tato e pela sensibilidade pudesse tencionar um ato que tão gravemente o comprometesse diante do público, a não ser que [...]" etc. (p. 402). – De
uma história clínica que pretenda descrever a condição humana
perturbada e sua luta por restabelecimento, simplesmente não
se poderá exigir que seja "discreta" e "esteticamente" atraente.

II. Tentativas de interpretação

delirante, com alguma certeza, a partir de sua origem em motivos humanos conhecidos.

Com esse propósito, acrescentarei um pedacinho da história clínica que não foi adequadamente apreciado nos pareceres, embora o próprio doente tenha feito de tudo para empurrá-lo ao primeiro plano. Refiro-me à relação de Schreber com seu primeiro médico, o conselheiro privado prof. Flechsig, de Leipzig.

Já sabemos que o caso de Schreber trazia de início o cunho do delírio de perseguição, que só se desvaneceu a partir do ponto de inflexão da doença (a "reconciliação"). As perseguições, então, se tornam cada vez mais suportáveis; o que há de infame na emasculação que o ameaça é rechaçado por sua finalidade estar conforme a ordem do mundo. Porém, o autor de todas as perseguições é Flechsig, e ele continua sendo seu instigador durante todo o transcurso da doença.[3]

Porém, qual teria sido exatamente o crime de Flechsig e quais os seus motivos, isso é narrado pelo doente com aquela vaguidão e inapreensibilidade características que podem ser vistas como o sinal de um trabalho de formação delirante especialmente intenso, caso seja permitido julgar

3. Prólogo, p. VIII: "Ainda agora, todo dia, as vozes que falam comigo gritam-me o nome do senhor centenas de vezes, em concatenações que sempre se repetem, em especial como o autor daqueles danos, embora as relações pessoais que por algum tempo existiram entre nós tenham há muito, para mim, passado ao segundo plano, e por isso eu mesmo dificilmente tenha algum motivo para recordar-me do senhor repetidas vezes, em especial com algum sentimento rancoroso".

a paranoia conforme o modelo do sonho, que conhecemos muito melhor. Flechsig cometeu, ou tentou cometer, um "assassinato da alma" contra o doente, um ato que cabe equiparar de modo aproximado aos esforços do Diabo e dos demônios para se apoderar de uma alma, e que talvez fora prefigurado por acontecimentos que se passaram entre membros há muito falecidos das famílias Flechsig e Schreber (p. 22 e segs.). Bem que gostaríamos de saber mais sobre o sentido desse assassinato da alma, mas, nesse ponto, as fontes voltam a secar de maneira tendenciosa: "Além do que aludi acima, não posso dizer no que consiste a verdadeira essência do assassinato da alma e, por assim dizer, sua técnica. Caberia apenas acrescentar (segue-se um trecho não apropriado à publicação)" (p. 28). Devido a essa omissão, não é transparente para nós do que se trata o "assassinato da alma". Mencionaremos em outro trecho a única indicação que escapou à censura.

Como quer que seja, logo ocorreu um novo desenvolvimento do delírio, que dizia respeito à relação do doente com Deus, sem modificar a relação com Flechsig. Se até então ele vira seu verdadeiro inimigo apenas em Flechsig (ou, antes, em sua alma) e considerara a onipotência divina como sua aliada, ele não pôde mais repelir o pensamento de que o próprio Deus fosse cúmplice, se não até instigador, do plano dirigido contra ele (p. 59). Mas Flechsig continuou a ser o primeiro tentador, a cuja influência Deus estava submetido (p. 60). Schreber descobrira como se alçar ao céu com toda a sua alma ou uma parte dela e, assim, tornar-se ele próprio – sem morte e anterior purificação – "guia dos

II. Tentativas de interpretação

raios" (p. 56).[4] A alma de Flechsig conservou esse papel mesmo depois que o doente trocara a clínica de Leipzig pelo estabelecimento de Pierson. A influência do novo meio mostrou-se então no fato de juntar-se a ela a alma do chefe dos enfermeiros, em quem o doente reconheceu um antigo vizinho, sob a forma da alma de Von W.[5] A alma de Flechsig introduziu então a "divisão das almas", que assumiu grandes dimensões. Em certo momento, havia de quarenta a sessenta de tais divisões da alma de Flechsig; duas partes maiores dessa alma foram chamadas de o "Flechsig superior" e o "Flechsig médio". Da mesma forma se comportava a alma de Von W. (a do chefe dos enfermeiros) (p. 111). Ao mesmo tempo, era por vezes muito engraçado como as duas almas se combatiam apesar de sua aliança, como o orgulho aristocrático de uma e a presunção professoral da outra se repeliam mutuamente (p. 113). Nas primeiras semanas de sua derradeira estadia

---

4. Conforme outra versão significativa, mas logo rejeitada, o prof. Flechsig teria se suicidado com um tiro em Wissembourg, na Alsácia, ou na prisão da polícia de Leipzig. O paciente viu seu cortejo fúnebre, que, no entanto, não se moveu na direção que se esperaria considerando a localização da clínica universitária em relação ao cemitério. Outras vezes, Flechsig lhe aparecia na companhia de um guarda ou conversando com a esposa, conversa que testemunhou pela via do apêndice nervoso, ocasião em que o prof. Flechsig chamava a si próprio de "Deus Flechsig" diante da esposa, de modo que ela estava inclinada a tomá-lo por louco (p. 82).
5. As vozes lhe diziam que esse Von W. declarara por ocasião de um inquérito, de propósito ou por descuido, coisas inverídicas sobre ele, em especial acusando-o de onanismo; como punição, fora-lhe imposta a tarefa de servir o paciente (p. 108).

no Sonnenstein (verão de 1894), entrou em ação a alma do novo médico, dr. Weber, e logo depois ocorreu aquela virada no desenvolvimento do delírio que ficamos conhecendo como a "reconciliação".

Durante a posterior estadia no Sonnenstein, quando Deus começou a apreciar melhor o doente, ocorreu um desbaratamento entre as almas que, importunamente, haviam se multiplicado, em consequência do que a alma de Flechsig ficou com apenas uma ou duas formas e a de Von W., com apenas uma. A última logo desapareceu completamente; as partes da alma de Flechsig, que lentamente perderam sua inteligência e seu poder, foram então designadas como "Flechsig traseiro" e "partido pois então". Do prólogo, a "Carta aberta ao sr. cons. priv. prof. dr. Flechsig", sabemos que a alma de Flechsig conservou sua importância até o final.

Esse curioso documento expressa a convicção segura de que o médico que o influenciou também teve as mesmas visões que o doente e os mesmos esclarecimentos acerca de coisas suprassensíveis, antepondo o protesto de que está longe do autor das *Memórias* a intenção de atacar a honra do médico. O mesmo é repetido com seriedade e ênfase nas petições do doente (p. 343 e 445); vê-se que ele se esforça por separar a "alma Flechsig" do vivente desse nome, o Flechsig do delírio do Flechsig de carne e osso.[6]

---

6. "De acordo com isso, também tenho de *reconhecer como possível* que tudo o que é relatado nos primeiros capítulos de minhas *Memórias* acerca de acontecimentos ligados ao nome Flechsig refere-se apenas à alma Flechsig, que cabe distinguir do homem vivo, alma cuja existência à parte é certa, embora não possa ser explicada por via natural" (p. 342-3).

II. Tentativas de interpretação

Do estudo de uma série de casos de delírio persecutório, eu e outros recebemos a impressão de que a relação do doente com seu perseguidor pode ser resolvida por uma fórmula simples.[7] A pessoa a quem o delírio atribui tão grande poder e influência, em cuja mão se reúnem todos os fios do complô, seria, quando mencionada de modo definido, a mesma a quem cabia antes do adoecimento uma importância analogamente grande para a vida emocional do paciente, ou então uma pessoa substitutiva facilmente reconhecível. A importância emocional seria projetada sob a forma de poder externo, o tom emocional seria convertido em seu oposto; aquele que agora é odiado e temido por causa de sua perseguição seria alguém inicialmente amado e venerado. A perseguição estatuída pelo delírio serviria sobretudo para justificar a transformação de sentimentos do doente.

Voltemo-nos com esse ponto de vista às relações que existiram anteriormente entre o paciente e seu médico e perseguidor Flechsig. Já sabemos que em 1884 e 1885 Schreber passou por um primeiro adoecimento nervoso, que transcorreu "sem quaisquer incidentes que tocassem o âmbito do suprassensível" (p. 35). Durante esse estado designado como "hipocondria", que aparentemente observou os limites de uma neurose, Flechsig foi o médico do doente. Nessa ocasião, Schreber passou seis meses na clínica da universidade de Leipzig. Fica-se sabendo que

---

7. Ver K. Abraham, 1908. – Nesse trabalho, o consciencioso autor me concede uma influência sobre o desenvolvimento de seus pontos de vista oriunda de nossa correspondência.

o homem restabelecido conservou seu médico em boa recordação. "O principal foi que eu finalmente (após uma viagem mais longa de reconvalescença) fora curado, e, por isso, só podia na época estar cheio de sentimentos de viva gratidão pelo prof. Flechsig, aos quais ainda dei expressão especial mediante uma visita posterior e honorários a meu ver adequados." Está correto que nas *Memórias* Schreber não louva o primeiro tratamento de Flechsig sem fazer algumas ressalvas, mas isso pode ser facilmente compreendido a partir da atitude agora transformada em seu oposto. A observação que continua a citada declaração de Schreber permite deduzir a calidez original dos sentimentos pelo médico de sucesso. "Minha esposa sentiu um reconhecimento que era quase ainda mais profundo, ela que realmente venerava no prof. Flechsig aquele que lhe devolvera o marido e que, por essa razão, tivera seu retrato por anos a fio sobre a escrivaninha" (p. 36).

Visto que estamos impedidos de conhecer as causas do primeiro adoecimento, cuja compreensão certamente seria imprescindível ao esclarecimento da segunda e grave doença, temos agora de meter as mãos às cegas num contexto que não conhecemos. Sabemos que no período de incubação da doença (entre sua nomeação e sua posse, de junho a outubro de 1893) ocorreram repetidamente sonhos que tinham o conteúdo de que a doença nervosa anterior voltara. Além disso, surgiu certa vez em estado de semissono a sensação de que devia ser belo ser uma mulher entregando-se ao coito.

II. Tentativas de interpretação

Se estabelecermos também um nexo de conteúdo entre esses sonhos e essa representação da fantasia, que Schreber comunica em imediata contiguidade, poderemos concluir que a lembrança da doença também despertou a lembrança do médico e que a atitude feminina da fantasia se referia desde o início ao médico. Ou, talvez, o sonho de que a doença voltara tivesse principalmente o sentido de uma saudade: "Gostaria de ver Flechsig mais uma vez". Nossa ignorância sobre o conteúdo psíquico da primeira doença não nos permite avançar aí. Talvez tenha sobrado desse estado uma ligação terna ao médico, que agora – por razões desconhecidas – ganhou um reforço que a intensificou até as alturas de uma afeição erótica. Surgiu de imediato uma rejeição indignada pela fantasia feminina ainda impessoal – um autêntico "protesto masculino", conforme a expressão, mas não no sentido, de Alfred Adler[8] –; mas, na grave psicose que logo irrompe, a fantasia feminina se impõe irresistivelmente, e basta corrigir apenas poucas coisas na imprecisão paranoica do modo de expressão schreberiano para deduzir que o doente temia um abuso sexual da parte do próprio médico. Uma investida da libido homossexual foi portanto o motivo desse adoecimento, o objeto dela foi provavelmente desde o início o médico Flechsig, e a oposição a essa moção libidinosa gerou o conflito do qual surgiram as manifestações patológicas.

---

8. Adler, 1910. – Segundo Adler, o protesto masculino toma parte no surgimento do sintoma; no caso aqui discutido, a pessoa protesta contra o sintoma acabado.

Detenho-me por um momento diante de uma enxurrada de críticas e objeções. Quem conhece a psiquiatria atual, deve preparar-se para o pior.

Não seria leviandade irresponsável, indiscrição e calúnia acusar um homem de tão alto nível ético como Schreber, o presidente aposentado da Suprema Corte, de homossexualidade? Não; o próprio doente comunicou aos contemporâneos sua fantasia de transformação em mulher e, por interesses de uma compreensão superior, passou por cima de suscetibilidades pessoais. Ele próprio, portanto, nos deu o direito de nos ocuparmos dessa fantasia, e nossa tradução aos termos técnicos da medicina não acrescentou absolutamente nada ao seu conteúdo.

– Sim, mas ele fez isso na condição de doente; seu delírio de ser transformado em mulher foi uma ideia patológica.

– Não esquecemos disso. Também lidamos apenas com o significado e a origem dessa ideia patológica. Recorremos à sua própria distinção entre o homem Flechsig e a "alma Flechsig". Não o acusamos de absolutamente nada, nem de ter moções homossexuais, nem de se empenhar por recalcá-las. Os psiquiatras deveriam por fim aprender com esse doente quando ele se esforça, em meio a todo o seu delírio, por não confundir o mundo do inconsciente com o mundo da realidade.

Mas não se diz expressamente em trecho algum que a temida transformação em mulher deveria ocorrer em benefício de Flechsig. – Isso está correto, e não é difícil de compreender que nas *Memórias*, destinadas ao público e que não pretendem ofender o homem "Flechsig", se evite uma acusação tão gritante. No entanto, o abrandamento da expressão produzido por semelhante consideração não basta para ocultar o verdadeiro sentido da acusação. Pode-se afirmar, contudo, que isso também é dito expressamente, como por exemplo no seguinte trecho: "Dessa maneira, consumou-se um complô dirigido contra mim (por volta de março ou abril de 1894), que ia no sentido de, uma vez reconhecida ou aceita a incurabilidade de minha doença nervosa, *entregar-me a um homem* de modo que minha alma lhe fosse deixada, mas meu corpo [...] fosse transformado num corpo feminino *e, como tal, deixado ao homem em questão* para ser abusado sexualmente [...]" (p. 56).[9] É supérfluo observar que jamais se menciona outro indivíduo que se pudesse colocar no lugar de Flechsig. Ao final da estadia na clínica de Leipzig, surge o temor de que seria "jogado aos enfermeiros" para fins de abuso sexual (p. 98). A atitude feminina em relação a Deus, admitida sem receio no desenvolvimento posterior do delírio, apaga então a última dúvida quanto ao papel originalmente imaginado para o médico. A outra das acusações levantadas contra Flechsig ressoa ruidosamente ao longo do livro. Ele tentara cometer o assassinato da alma do doente. Já sabemos que as circunstâncias desse crime são obscuras ao próprio doente, mas que se relacionam com coisas confidenciais que precisam ser excluídas da publicação (capítulo III). Um único fio permite prosseguir nesse ponto. O assassinato da alma é ilustrado

---

9. Os itálicos são meus.

apoiando-se no conteúdo lendário do *Fausto*, de Goethe, do *Manfredo*, de Lord Byron, do *Franco-atirador*, de Weber etc. (p. 22), e, desses exemplos, um deles também é destacado em outra passagem. Ao discutir a cisão de Deus em duas pessoas, o Deus "inferior" e o "superior" são identificados por Schreber com Arimã e Ormuz (p. 19), e, pouco depois, encontra-se esta observação, feita de passagem: "Aliás, o nome Arimã também aparece, por exemplo, no *Manfredo*, de Lord Byron, em conexão com um assassinato da alma" (p. 20). Na obra assim destacada, dificilmente se encontra algo que pudesse ser comparado ao pacto da alma no *Fausto*; também procurei nela em vão a expressão "assassinato da alma", porém o cerne e o segredo do poema é um... incesto entre irmãos. Aí o curto fio se rompe outra vez.[10]

10. Para corroborar a afirmação acima: Manfredo diz ao demônio que quer tirá-lo da vida (cena final): "[...] *my past power was purchased by no compact with thy crew* [meu poder passado não foi adquirido por qualquer pacto com tua turba]". Ou seja, o pacto da alma é contestado diretamente. Esse erro de Schreber provavelmente não é isento de uma tendência. – De resto, é natural concatenar esse conteúdo do *Manfredo* com a relação incestuosa, repetidamente asseverada, do poeta com sua meia-irmã, e chama a atenção que o outro drama de Byron, o grandioso *Caim*, se desenrole na família primordial, em que o incesto entre irmãos não é passível de recriminação. – Não queremos abandonar o tema do assassinato da alma sem lembrar do seguinte trecho: "no que, num momento anterior, Flechsig foi mencionado como o autor do assassinato da alma, enquanto agora, já faz um bom tempo, numa inversão intencional das circunstâncias, pretendem 'apresentar' a mim próprio como aquele que cometeu assassinato da alma [...]" (p. 23).

II. Tentativas de interpretação

Reservando-nos o direito de retornar a outras objeções no curso deste trabalho, queremos agora nos declarar autorizados a insistir na irrupção de uma moção homossexual como sendo a base do adoecimento de Schreber. Harmoniza-se com essa hipótese um significativo detalhe da história clínica, de outro modo inexplicável. O doente sofreu outro "colapso nervoso", decisivo para o transcurso, enquanto sua esposa tirou umas breves férias para seu próprio descanso. Até então, ela passara várias horas com ele todo dia e almoçara com ele. Ao retornar após uma ausência de quatro dias, ela o encontrou mudado da mais triste maneira, de modo que ele próprio não desejava mais vê-la. "Decisivo para meu colapso mental foi sobretudo uma noite em que tive um número absolutamente incomum de poluções (mais ou menos meia dúzia nessa única noite)" (p. 44). Por certo compreendemos que da mera presença da mulher emanavam influências protetoras contra a atração dos homens que o cercavam, e, se admitirmos que um processo polucional num adulto não possa ocorrer sem a participação da psique, complementaremos as poluções daquela noite com fantasias homossexuais que permaneceram inconscientes.

Por que essa irrupção de libido homossexual atingiu o paciente justamente naquele momento, na situação entre a nomeação e a mudança de domicílio, eis algo que não podemos descobrir sem um conhecimento mais exato de sua história de vida. Em geral, o ser humano oscila ao longo da vida entre a sensibilidade heterossexual e a homossexual, e a frustração ou a desilusão de um lado costumam impeli-lo para o outro. Nada sabemos desses fatores em Schreber; porém, não queremos deixar de chamar a atenção para um fator somático que poderia muito bem ser cogitado aqui. Na época desse adoecimento, o dr. Schreber tinha 51 anos e se encontrava naquela idade crítica para a vida sexual em que a função sexual da mulher, após uma intensificação, experimenta uma considerável regressão, cuja importância tampouco parece poupar o homem; também para este há um "climatério", acompanhado das disposições patológicas decorrentes.[11]

Posso imaginar o quão precária deve parecer a hipótese de que um sentimento de simpatia por um médico possa irromper num homem oito anos depois[12], de modo súbito e reforçado, e se tornar o motivo de uma perturbação psíquica tão grave. Porém, se tal hipótese nos é recomendada sob outros aspectos, penso que sua improbabilidade interna não nos dá o direito de rejeitá-la, em vez de experimentarmos até onde a conseguimos levar. Essa improbabilidade pode ser provisória e resultar do fato de a questionável hipótese ainda não estar inserida num contexto, do fato de ser a primeira hipótese com que abordamos o problema. A quem não conseguir manter seu juízo em suspenso e achar nossa hipótese

---

11. Devo a informação sobre a idade de Schreber quando de seu adoecimento a uma amável comunicação de seus parentes, colhida para mim pelo sr. dr. Stegmann em Dresden. Neste estudo, porém, não se utiliza qualquer outra informação além daquelas fornecidas pelo próprio texto das *Memórias*.
12. O intervalo entre o primeiro e o segundo adoecimento de Schreber.

II. Tentativas de interpretação

absolutamente intolerável, podemos mostrar facilmente uma possibilidade graças à qual ela perde seu caráter estranho. O sentimento de simpatia pelo médico pode provir facilmente de um "processo de transferência", mediante o qual um investimento emocional do doente pode ser deslocado de uma pessoa que lhe é significativa para a pessoa realmente indiferente do médico, de modo que este parece ter sido escolhido como substituto, como sucedâneo, de uma pessoa muito mais próxima ao doente. Falando de modo mais concreto, o doente foi recordado da natureza de seu irmão ou de seu pai pelo médico, reencontrou nele o irmão ou o pai, e assim, sob certas condições, não há mais nada de estranho que a saudade dessa pessoa substitutiva reapareça nele e atue com uma violência que só se deixa compreender a partir de sua origem e de seu significado original.

No interesse dessa tentativa de explicação, valeria a pena saber se o pai do paciente ainda estava vivo na época de seu adoecimento, se ele teve um irmão e se este, na mesma época, estava vivo ou era um "bem-aventurado". Fiquei contente, portanto, quando após longa busca nas *Memórias* finalmente topei com um trecho em que o doente afasta essa incerteza com estas palavras: "A memória de meu pai e de meu irmão [...] me é tão sagrada quanto" etc. (p. 442). Portanto, os dois já tinham falecido na época do segundo adoecimento (também do primeiro, talvez?).

Penso que não nos oporemos mais à hipótese de que o motivo da doença foi o surgimento de uma fantasia de desejo feminina (passivamente homossexual) que tomou por objeto a pessoa do médico. A personalidade de Schreber ofereceu uma intensa resistência a essa fantasia, e a luta defensiva, que talvez pudesse ter igualmente ocorrido sob outras formas, elegeu, por razões que desconhecemos, a forma do delírio persecutório. O homem anelado tornou-se agora o perseguidor, o conteúdo da fantasia de desejo tornou-se o conteúdo da perseguição. Supomos que essa concepção esquemática também se mostrará viável em outros casos de delírio persecutório. Porém, o que distingue o caso Schreber de outros é o desenvolvimento que ele toma e a transformação à qual obedece no curso desse desenvolvimento.

Uma dessas mudanças consiste na substituição de Flechsig pela pessoa mais elevada de Deus; ela parece significar de início uma exacerbação do conflito, uma intensificação da insuportável perseguição, mas logo se verifica que ela prepara a segunda mudança e, com ela, a solução do conflito. Se era impossível acostumar-se com o papel de rapariga[13] em relação ao médico, a tarefa de oferecer ao próprio Deus a volúpia que ele busca não encontra a mesma resistência do eu. A emasculação não é mais uma afronta, ela se torna "adequada à ordem do mundo", entra numa grande concatenação cósmica, serve aos fins de uma nova criação do sucumbido mundo humano. "Novos seres humanos oriundos do espírito de Schreber" venerarão seu ancestral na pessoa daquele que se julga perseguido. Assim se achou uma saída que

---

13. Ver acima, p. 57, nota 5. (N.T.)

II. Tentativas de interpretação

satisfaz as duas partes conflitantes. O eu é ressarcido com o delírio de grandeza, mas a fantasia de desejo feminina se impôs, se tornou aceitável. A luta e a doença podem cessar. A consideração pela realidade, porém, entrementes fortalecida, obriga a deslocar a solução do presente para o futuro distante, obriga a satisfazer-se com uma realização de desejo por assim dizer assintótica.[14] A transformação em mulher provavelmente ocorrerá em algum momento; até lá, a pessoa do dr. Schreber permanecerá indestrutível.

Nos manuais de psiquiatria aborda-se com frequência um desenvolvimento do delírio de grandeza a partir do delírio de perseguição, que ocorreria da seguinte maneira: o doente primariamente acometido pelo delírio de ser objeto de perseguição por parte dos mais fortes poderes sente a necessidade de explicar essa perseguição, chegando assim à hipótese de que ele próprio é uma personalidade grandiosa, digna de uma tal perseguição. Assim, o desencadeamento do delírio de grandeza é atribuído a um processo que, de acordo com um bom termo de E. Jones, chamamos de "racionalização". Porém, julgamos que seja um procedimento completamente apsicológico atribuir consequências tão intensamente afetivas a uma racionalização e, por isso, queremos distinguir nitidamente

---

14. "Apenas como possibilidades a considerar a respeito disso, menciono uma emasculação, a ser ainda realizada, cujo efeito, pela via de uma fecundação divina, seria uma descendência nascida de meu seio", consta próximo ao final do livro. [Assintótico: relativo à assíntota, linha que se aproxima de uma curva sem jamais cortá-la; por extensão, coisa que se aproxima de outra sem chegar a alcançá-la. (N.T.)]

nossa opinião daquela citada a partir dos manuais. Para começar, não afirmamos conhecer a fonte do delírio de grandeza.

Se agora voltarmos ao caso Schreber, teremos de confessar que a elucidação da mudança em seu delírio oferece dificuldades absolutamente extraordinárias. Por que vias e com que meios se consuma a ascensão que vai de Flechsig a Deus? De onde Schreber tira o delírio de grandeza que, de maneira tão feliz, possibilita uma reconciliação com a perseguição, ou, em termos analíticos, permite-lhe aceitar a fantasia de desejo que caberia recalcar? As *Memórias* nos dão inicialmente um ponto de apoio ao nos mostrar que "Flechsig" e "Deus" encontram-se, para o doente, na mesma série. Uma fantasia lhe permite escutar uma conversa de Flechsig com a esposa, em que este se apresenta como "Deus Flechsig" e por isso é tomado por ela como louco (p. 82), mas, além disso, passamos a prestar atenção ao seguinte traço da formação delirante de Schreber. Assim como o perseguidor, quando abarcamos a totalidade do delírio, se decompõe em Flechsig e Deus, o próprio Flechsig se cinde posteriormente em duas personalidades, o Flechsig "superior" e o "médio", e Deus, em Deus "inferior" e "superior". No caso de Flechsig, a decomposição avança ainda mais em estágios posteriores da doença (p. 193). Tal decomposição é bastante característica da paranoia. A paranoia decompõe tal como a histeria condensa. Ou, antes, a paranoia volta a decompor as condensações e identificações empreendidas na fantasia inconsciente. O fato de essa decomposição ser repetida

II. Tentativas de interpretação

várias vezes em Schreber é expressão, segundo C.G. Jung[15], da importância da pessoa em questão. Todas essas cisões de Flechsig e de Deus em várias pessoas significam portanto o mesmo que a divisão do perseguidor em Flechsig e Deus. São duplicações da mesma relação significativa, como as que O. Rank (1909) reconheceu nas formações dos mitos. Para a interpretação de todos esses traços particulares nos falta, porém, indicar a decomposição do perseguidor em Flechsig e Deus e a concepção dessa decomposição como reação paranoide a uma identificação uma vez existente entre os dois, ou seu pertencimento à mesma série. Se o perseguidor Flechsig foi outrora uma pessoa amada, então Deus também é apenas o retorno de outra pessoa semelhantemente amada, mas provavelmente mais significativa.

Se prosseguirmos essa cadeia de pensamentos aparentemente justificada, temos de dizer-nos que essa outra pessoa não pode ser ninguém mais senão o pai, com o que, afinal, Flechsig é forçado mais claramente a assumir o papel do irmão (mais velho, segundo cabe

---

15. C.G. Jung, 1910. Jung provavelmente está correto ao prosseguir dizendo que essa decomposição, correspondendo à tendência geral da esquizofrenia, é analiticamente despotencializadora, sendo destinada a impedir o surgimento de impressões fortes demais. Porém, a fala de uma de suas pacientes, "Ah, o senhor também é um dr. J., hoje pela manhã já esteve alguém comigo dizendo ser o dr. J.", deve ser traduzida por uma confissão: "Agora o senhor me lembra outra pessoa da série de minhas transferências, distinta daquela de sua visita anterior".

esperar).¹⁶ As raízes daquela fantasia feminina que desencadeou tamanha oposição no doente teriam sido portanto os anseios pelo pai e pelo irmão, anseios que alcançaram um reforço erótico e dos quais o último passou, via transferência, ao médico Flechsig, ao passo que com sua recondução ao primeiro se atingiu um equilíbrio da luta.

Para que a introdução do pai no delírio de Schreber nos pareça justificada, ela deve trazer proveito à nossa compreensão e nos ajudar a esclarecer pormenores incompreensíveis do delírio. Lembramo-nos, afinal, dos traços estranhos que encontramos no Deus de Schreber e na relação deste com seu Deus. Foi a mais curiosa mescla de crítica blasfema e oposição rebelde com devoção veneranda. Deus, submetido à influência sedutora de Flechsig, não era capaz de aprender algo da experiência, não conhecia os seres humanos vivos porque sabia lidar apenas com cadáveres e expressava seu poder numa série de milagres que eram bastante chamativos, mas ao mesmo tempo insípidos e pueris.

Bem, mas o pai do presidente da Suprema Corte dr. Schreber não havia sido um homem insignificante. Ele foi o dr. Daniel Gottlob Moritz Schreber – cuja memória é conservada ainda hoje pelas Associações Schreber, numerosas sobretudo na Saxônia –, um... *médico* cujos esforços em prol do desenvolvimento harmônico da juventude, da cooperação entre educação familiar e escolar, e do uso da higiene pessoal e do trabalho físico

---

16. As *Memórias* não oferecem qualquer esclarecimento a respeito.

II. Tentativas de interpretação

para melhorar a saúde exerceram um efeito duradouro sobre seus contemporâneos.[17] As numerosas edições em que sua *Ärztliche Zimmergymnastik* [Ginástica médica doméstica] se acha difundida em nossos círculos ainda dão testemunho de sua reputação como fundador da ginástica terapêutica na Alemanha.

Um pai desses certamente não era inapto para ser transfigurado em Deus na memória terna do filho, de quem tão cedo foi arrebatado pela morte. Para a nossa sensibilidade, é certo que existe um abismo intransponível entre a personalidade de Deus e a de qualquer ser humano, mesmo do mais extraordinário. Porém, temos de lembrar que nem sempre foi assim. Para os povos antigos, seus deuses estavam humanamente mais próximos. Entre os romanos, o imperador falecido era via de regra deificado. O sóbrio e habilidoso Vespasiano disse por ocasião do primeiro ataque de sua doença: "Ai de mim, acho que me tornarei um deus".[18]

A atitude infantil do menino em relação ao pai nos é perfeitamente conhecida; ela contém a mesma con-

---

17. À gentil remessa de meu colega dr. Stegmann, de Dresden, devo a consulta a um número de uma revista que se intitula *Der Freund der Schreber-Vereine* [O amigo das Associações Schreber]. Nele (vol. II, nº X), por ocasião do centenário de nascimento do dr. Schreber, são oferecidos dados biográficos sobre a vida do homenageado. O dr. Schreber sênior nasceu em 1808 e faleceu em 1861, com apenas 53 anos. Da fonte anteriormente mencionada, sei que nosso paciente tinha então dezenove anos de idade.
18. Suetônio, *As vidas dos doze césares*, capítulo 23. Essa divinização começou com Caio Júlio César. Em suas inscrições, Augusto denominava-se "*Divi filius*" [filho do deus].

fluência de submissão respeitosa e oposição rebelde que encontramos na relação de Schreber com seu Deus; ela é o modelo inconfundível, fielmente copiado, para esta última. Porém, o fato de o pai de Schreber ter sido um médico, e um médico de grande prestígio e certamente venerado por seus pacientes, esclarece-nos os mais chamativos traços de caráter que Schreber destaca criticamente em seu Deus. Poderia haver mais forte expressão de escárnio por um médico como esse do que dizer que ele nada entende de seres humanos vivos e apenas sabe lidar com cadáveres? Certamente pertence à natureza de Deus fazer milagres, mas um médico também faz milagres, conforme dizem dele seus clientes entusiastas; ele realiza curas milagrosas. Se então justamente esses milagres, aos quais a hipocondria do doente forneceu o material, resultam tão inacreditáveis, absurdos e em parte pueris, somos lembrados da tese de *A interpretação dos sonhos* segundo a qual o absurdo no sonho expressaria zombaria e escárnio.[19] Portanto, ele serve aos mesmos fins de figuração na paranoia. Em relação a outras críticas – por exemplo, a de que Deus não aprende nada da experiência –, é natural conjecturar que estamos lidando com o mecanismo da "devolução" infantil[20], que volta contra o emissor, inalterada, uma crítica recebida, da mesma forma como as vozes mencionadas (p. 23) permi-

---

19. *A interpretação dos sonhos*, 1900 a. [L&PM Pocket 1061, p. 451 e segs.]
20. Quando o doente registra certo dia a seguinte frase, a semelhança com uma dessas revanches é extraordinária: "*Toda tentativa de um efeito educativo para o exterior precisa ser abandonada por sua inutilidade*" (p. 188). O ineducável é Deus.

II. Tentativas de interpretação

tem supor que a acusação de "assassinato da alma" feita a Flechsig era originalmente uma autoacusação.[21] Uma vez que a aproveitabilidade do ofício paterno para o esclarecimento das qualidades particulares do Deus schreberiano nos tornou ousados, podemos agora nos arriscar a esclarecer mediante uma interpretação a curiosa divisão do ser divino. O mundo divino consiste, como se sabe, dos "reinos divinos dianteiros", também chamados de "átrios do céu" e que contêm almas de pessoas falecidas, e do Deus "inferior" e do "superior", que, juntos, são chamados de "reinos divinos traseiros" (p. 19). Por mais que estejamos preparados para não conseguir resolver uma condensação aí existente, queremos, não obstante, aproveitar a indicação antes obtida de que os pássaros "miraculados", desmascarados como sendo moças, derivam-se dos átrios do céu para usar os reinos divinos *dianteiros* e os *átrios*[22] do céu como simbolismo para a feminilidade, e os reinos divinos *traseiros* como simbolismo para a masculinidade. Se soubéssemos com certeza que o falecido irmão de Schreber era o mais velho, poderíamos ver a decomposição de Deus em inferior e superior como a expressão da lembrança de que, após a morte prematura do pai, o irmão mais velho assumiu seu posto.

---

21. "Ao passo que agora, já faz um bom tempo, numa inversão intencional das circunstâncias, pretendem 'apresentar' a mim próprio como aquele que cometeu o assassinato da alma" etc.
22. Ou "vestíbulo" (*Vorhof*), termo que alude à anatomia sexual feminina. Ver também *Fragmento de uma análise de histeria*, capítulo III. (N.T.)

Por fim, quero lembrar nesse contexto do *Sol*, que, afinal, devido a seus "raios", alcançou tão grande importância para a expressão do delírio. Schreber tem uma relação bem especial com o Sol. Este fala com ele usando palavras humanas e, assim, dá-se a conhecer como ser animado ou como órgão de um ser ainda mais alto por trás dele (p. 9). De um parecer médico, ficamos sabendo que Schreber "grita-lhe praticamente aos berros com ameaças e xingamentos" (p. 382)[23], que lhe grita que deveria esconder-se dele. Ele próprio informa que o Sol empalidece diante dele.[24] A participação que o Sol tem em seu destino se manifesta no fato de mostrar importantes modificações de sua aparência tão logo existam mudanças em curso no doente, como por exemplo nas primeiras semanas de sua estadia no Sanatório Sonnenstein (p. 135). Schreber nos facilita a interpretação desse mito solar. Ele identifica o Sol abertamente com Deus, ora com o Deus inferior (Arimã)[25], ora com o superior: "No dia seguinte [...] vi o Deus superior (Ormuz), desta vez não com meu olho espiritual, e

23. "O Sol é uma puta" (p. 384).
24. "De resto, ainda agora o Sol me oferece em parte uma imagem diferente da que eu tinha dele nos tempos anteriores à minha doença. Seus raios empalidecem diante de mim quando eu, voltado para eles, falo em voz alta. Posso olhar tranquilamente para o Sol e fico ofuscado por ele apenas numa medida bastante moderada, enquanto nos dias saudáveis, como por certo acontece com as outras pessoas, eu não conseguiria de forma alguma olhar para o Sol por vários minutos" (p. 139, nota).
25. "Este é agora (desde julho de 1894) abertamente identificado com o Sol pelas vozes que falam comigo" (p. 88).

II. Tentativas de interpretação

sim com meu olho físico. Era o Sol, mas não o Sol em sua aparência usual, conhecida de todos os seres humanos, e sim" etc. (p. 137-8). Portanto, é mera questão de lógica que ele o trate como se fosse o próprio Deus.

Não sou responsável pela monotonia das soluções psicanalíticas se alego que o Sol não é outra coisa senão, mais uma vez, um símbolo sublimado do pai. O simbolismo passa por cima, aqui, do gênero gramatical; pelo menos no alemão, pois na maioria das outras línguas "Sol" é um substantivo masculino.[26] Sua contraparte nesse reflexo do casal parental é a geralmente assim chamada "mãe Terra". Na resolução psicanalítica de fantasias patogênicas em neuróticos encontramos com bastante frequência a confirmação dessa tese. É a única coisa que tenho a dizer sobre a relação com mitos cósmicos. Um de meus pacientes, que cedo perdera o pai e buscava reencontrá-lo em todas as coisas grandes e sublimes da natureza, tornou plausível para mim que um hino de Nietzsche, "Antes do nascer do Sol", expresse o mesmo anseio.[27] Um outro, que, em sua neurose, sofreu após a morte do pai o primeiro ataque de medo e de vertigem ao ser iluminado pelo Sol enquanto trabalhava com a pá no jardim, defendeu independentemente a interpretação de que se amedrontara porque o pai vira como ele maltratava a mãe com um instrumento afiado. Quando ousei uma sóbria objeção, ele tornou sua concepção mais plausível ao informar que já durante a

---

26. Em alemão, "Sol" é um substantivo feminino, *Sonne*. (N.T.)
27. *Assim falou Zaratustra*, terceira parte. – Também Nietzsche conhecera o pai apenas enquanto criança.

vida do pai o comparara com o Sol, embora com intenção parodística nessa época. Sempre que lhe perguntavam aonde seu pai iria naquele verão, ele dava a resposta com as palavras retumbantes do "Prólogo no céu":

> E sua prescrita viagem
> Completa com andar trovejante.[28]

Por conselho médico, o pai costumava visitar todo ano a estação termal de Marienbad. Nesse doente, a atitude infantil em relação ao pai se impusera em dois tempos. Enquanto o pai vivia, rebelião completa e desavença aberta; imediatamente após sua morte, uma neurose que se fundava em submissão escrava e obediência *a posteriori*.

Encontramo-nos portanto, também no caso Schreber, no terreno bem conhecido do complexo paterno.[29] Se a luta com Flechsig se revela ao doente como um conflito com Deus, temos de traduzi-lo para um conflito infantil com o pai amado, cujos pormenores, que desconhecemos, determinaram o conteúdo do delírio. Nada falta do material que normalmente é descoberto pela análise em tais casos, tudo está representado por alguma alusão. O pai aparece nessas vivências infantis como o perturbador da satisfação buscada pelo menino, na maioria das vezes autoerótica, que mais tarde com

---

28. Goethe, *Fausto*, versos 245-246. (N.T.)
29. Assim como a "fantasia de desejo feminina" de Schreber também é apenas uma das configurações típicas do complexo nuclear infantil.

II. Tentativas de interpretação

frequência é substituída em fantasia por uma satisfação menos inglória.³⁰ No desfecho do delírio schreberiano, a aspiração sexual infantil festeja um grandioso triunfo; a volúpia se torna temente a Deus, o próprio Deus (o pai) não cessa de exigi-la do doente. A mais temida ameaça do pai, a da castração, efetivamente concedeu o material à fantasia de desejo, de início combatida e depois aceita, da transformação em mulher. A referência a uma culpa, encoberta pela formação substitutiva "assassinato da alma", é extremamente clara. O chefe dos enfermeiros é considerado idêntico àquele vizinho, Von W., que, conforme disseram as vozes, acusou Schreber falsamente de onanismo (p. 108). Como que fundamentando a ameaça de castração, as vozes dizem: "É que o senhor deve ser *apresentado* como alguém que se entrega a desregramentos voluptuosos" (p. 127-8).³¹ Por fim, a compulsão a pensar (p. 47), à qual o doente se sujeita por supor que Deus acreditará que ele se tornou imbecil e que se afastará dele se parar de pensar por um momento, é a reação, que também conhecemos em outros casos, à ameaça ou ao temor de perder o entendimento devido à atividade sexual, em especial devido ao onanismo.³² Considerando

---

30. Ver as observações a propósito da análise do "Homem dos Ratos" (1909 *d*).
31. Os sistemas de "apresentar e registrar" (p. 126-7), em conexão com as "almas provadas", apontam para vivências escolares.
32. "Que esse fosse o objetivo pretendido, tal foi confessado mais cedo com toda a franqueza na frase dita pelo Deus superior, ouvida por mim incontáveis vezes, 'Queremos destruir seu entendimento'" (p. 206, nota).

o grande número de ideias delirantes hipocondríacas[33] que o doente desenvolve, talvez não caiba dar grande importância ao fato de algumas delas coincidirem ao pé da letra com os temores hipocondríacos dos onanistas.[34] Quem fosse mais ousado que eu na interpretação ou, graças a relações com a família de Schreber, soubesse mais a respeito das pessoas, do meio e de pequenos incidentes, teria facilidade em remontar a suas fontes incontáveis detalhes do delírio de Schreber e assim reconhecer seu significado, e isso apesar da censura à qual as *Memórias* foram submetidas. Forçosamente, temos de nos contentar com um esboço bastante vago do material infantil com que o adoecimento paranoico representou o conflito atual.

33. Não quero deixar de observar aqui que só considerarei digna de confiança uma teoria da paranoia caso ela consiga inserir em sua concatenação os quase regulares sintomas *hipocondríacos* concomitantes. Parece-me que a hipocondria ocupa a mesma posição em relação à paranoia que a neurose de angústia em relação à histeria.

34. "Por isso, tentaram esvaziar minha medula espinhal com uma bomba, o que foi feito pelos chamados 'homenzinhos', que eram colocados em meus pés. Sobre esses 'homenzinhos', que mostravam algum parentesco com o fenômeno de mesmo nome já discutido no capítulo VI, comunicarei mais algumas coisas adiante; via de regra, eram dois a cada vez, um 'pequeno Flechsig' e um 'pequeno Von W.', cujas vozes eu também ouvia em meus pés" (p. 154). – Von W. é o mesmo de quem partiu a acusação de onanismo. Os "homenzinhos" são caracterizados pelo próprio Schreber como um dos fenômenos mais notáveis e, sob certo aspecto, mais enigmáticos (p. 157). Parece que se originaram de uma condensação entre crianças e... espermatozoides.

II. Tentativas de interpretação

Talvez eu ainda possa acrescentar uma palavra para fundamentar aquele conflito que eclodiu em torno da fantasia feminina de desejo. Sabemos que nossa tarefa é relacionar o surgimento de uma fantasia de desejo com uma *frustração*, uma privação na vida real. Bem, Schreber nos confessa uma tal privação. Seu casamento, sob outros aspectos descrito como feliz, não lhe trouxe filhos, sobretudo não lhe trouxe o filho homem que o teria consolado pela perda do pai e do irmão, e sobre quem poderia ter derramado a ternura homossexual insatisfeita.[35] Sua estirpe ameaçava extinguir-se, e parece que ele era bastante orgulhoso de sua ascendência e de sua família. "Pois as famílias Flechsig e Schreber pertenciam ambas, conforme diz a expressão, 'à mais alta nobreza celeste'; os Schreber, em especial, ostentavam o título de 'margraves da Túscia e da Tasmânia', correspondendo a um costume das almas de, seguindo uma espécie de vaidade pessoal, adornar-se com títulos terrenos um tanto empolados" (p. 24).[36] O grande Napoleão, ainda que somente após graves lutas

---

35. "Após a recuperação de minha primeira doença, vivi oito anos com minha esposa, anos em seu todo realmente felizes, também abundantes em honras exteriores e apenas momentaneamente turvados pela reiterada frustração da esperança de sermos abençoados com filhos" (p. 36).

36. Na sequência dessa declaração, que conservou no delírio a amável zombaria dos dias de saúde, ele acompanha retrospectivamente as relações entre as famílias Flechsig e Schreber nos séculos anteriores, como um noivo que, sem compreender como pôde viver por tão longos anos sem relação com a amada, alega já tê-la conhecido em épocas anteriores.

interiores, separou-se de sua Josefina porque ela não podia continuar a dinastia;[37] o dr. Schreber pode ter criado a fantasia de que se fosse mulher se sairia melhor com a gravidez, e assim encontrou o caminho de retroceder à atitude feminina frente ao pai, própria dos anos iniciais da infância. O delírio, mais tarde adiado para um momento cada vez mais remoto do futuro, de que graças à sua emasculação o mundo seria povoado com "novos seres humanos oriundos do espírito de Schreber" (p. 288) também era, portanto, destinado a remediar a falta de filhos. Se os "homenzinhos", que o próprio Schreber acha tão enigmáticos, são filhos, vemos que é perfeitamente compreensível que estejam concentrados sobre sua cabeça em grande número (p. 158); são realmente, afinal, os "filhos de seu espírito". (Ver a observação sobre a figuração de descender do pai e sobre o nascimento de Atena na história clínica do "Homem dos Ratos", parte II, seção B.)

---

37. Nesse sentido, é digno de menção um protesto do paciente contra dados do parecer médico: "Jamais brinquei com a ideia de uma *separação* ou manifestei alguma indiferença pela continuidade do laço matrimonial, segundo se poderia supor pela expressão do parecer, que declara que 'logo tenho à mão a alusão de que minha mulher poderia se separar'" (p. 436).

III
Sobre o mecanismo paranoico

Tratamos até aqui do complexo paterno que domina o caso Schreber e da fantasia de desejo que ocupa lugar central no adoecimento. Nisso tudo não há nada característico da forma patológica da paranoia, nada que não pudéssemos ter encontrado em outros casos de neurose e que também de fato encontramos. Temos de situar a peculiaridade da paranoia (ou da demência paranoide) em outra coisa, na particular forma de manifestação dos sintomas, pela qual nossa expectativa não responsabilizará os complexos, e sim o mecanismo da formação de sintomas ou o do recalcamento. Diríamos que o caráter paranoico está no fato de alguém reagir precisamente com um delírio persecutório de tal gênero para se defender de uma fantasia homossexual de desejo.

Tão mais significativo é que a experiência nos lembre de atribuir uma relação mais íntima, talvez constante, precisamente entre a fantasia homossexual de desejo e a forma de doença. Desconfiando de minha própria experiência a respeito, examinei nos últimos anos, com meus amigos C.G. Jung, de Zurique, e S. Ferenczi, de Budapeste, alguns casos de adoecimento paranoico, por eles observados, com vista a esse único ponto. Eram homens e mulheres cujas histórias clínicas estavam à nossa disposição como material de investigação, diferentes quanto à

O caso Schreber

raça, ao ofício e ao nível social, e vimos com surpresa quão nitidamente se podia reconhecer em todos esses casos, no centro do conflito patológico, a defesa contra o desejo homossexual, como todos tinham fracassado em dominar sua homossexualidade inconscientemente reforçada.[1] Isso por certo não correspondeu à nossa expectativa. Justamente na paranoia, a etiologia sexual não é de forma alguma evidente; em contrapartida, humilhações e preterições sociais, especialmente para o homem, se destacam de modo chamativo na causação da paranoia. Contudo, exige-se apenas um pequeno aprofundamento para reconhecer nesses danos sociais a participação do componente homossexual da vida emocional como sendo o fator verdadeiramente atuante. Enquanto a atividade normal bloqueia o exame das profundezas da vida psíquica, é lícito duvidar que as relações emocionais de um indivíduo com seus próximos na vida social tenham algo a ver, factual ou geneticamente, com o erotismo. O delírio via de regra expõe essas relações e remonta o sentimento social até suas raízes no desejo erótico grosseiramente sensual. O dr. Schreber, cujo delírio culmina numa fantasia homossexual de desejo que é impossível de ignorar, tampouco ofereceu nos tempos de saúde – segundo todos os relatos – qualquer indício de homossexualidade no sentido vulgar.

Penso que não é supérfluo nem injustificado se tento mostrar que nossa atual compreensão dos processos

---

1. Uma confirmação adicional encontra-se na análise do paranoide J.B., de A. Maeder (1910). Lamento não ter podido ler esse trabalho na época da redação do meu.

III. Sobre o mecanismo paranoico

psíquicos, obtida pela psicanálise, já pode nos proporcionar a compreensão do papel do desejo homossexual no adoecimento por paranoia. Investigações recentes[2] nos fizeram atentar para um estágio da história evolutiva da libido que é percorrido no caminho do autoerotismo ao amor objetal.[3] Foi chamado de *narcisismo*; prefiro o nome *narcismo*, talvez menos correto, porém mais curto e menos dissonante.[4] Consiste no fato de o indivíduo em desenvolvimento, que concentra numa unidade seus impulsos sexuais – que trabalham autoeroticamente – a fim de obter um objeto amoroso, toma de início como objeto amoroso a si mesmo, seu próprio corpo, antes de passar deste à escolha objetal de outrem. Tal fase intermediária entre autoerotismo e escolha de objeto talvez seja normalmente inevitável; parece que muitas pessoas são retidas nela por um tempo incomumente longo e que resta muita coisa desse estado para os estágios posteriores do desenvolvimento. Nesse si mesmo tomado como objeto amoroso, os genitais já podem ser o principal. O caminho subsequente conduz à escolha de um objeto com genitais semelhantes – ou seja, passando pela escolha homossexual de objeto – e vai até a heterossexualidade. Supomos que os indivíduos que mais tarde são manifestamente homossexuais nunca se livraram da exigência de

---

2. I. Sadger, 1910. – Freud, *Uma recordação de infância de Leonardo da Vinci*, 1910 c.
3. *Três ensaios de teoria sexual*, 1905 d.
4. Essa preferência de Freud não costuma ser observada nas traduções de seus textos ao português. (N.T.)

genitais idênticos aos seus no objeto, fato sobre o qual as teorias sexuais infantis, que de início atribuem os mesmos genitais a ambos os sexos, exercem uma influência considerável. Depois de alcançada a escolha heterossexual de objeto, as aspirações homossexuais não são porventura eliminadas ou suspensas, mas apenas apartadas da meta sexual e levadas a novos usos. Associam-se então a parcelas dos impulsos do eu para constituir com eles, como componentes "apoiados", os impulsos sociais, representando assim a contribuição do erotismo à amizade, à camaradagem, ao espírito comunitário e ao amor geral ao próximo. Das relações sociais normais dos seres humanos dificilmente se adivinharia quão grandes realmente são essas contribuições oriundas de fonte erótica com inibição da meta sexual. Porém, inclui-se no mesmo contexto o fato de precisamente homossexuais manifestos – e, dentre eles, por sua vez, aqueles que se opõem à atividade sensual – se destacarem por uma participação especialmente intensa nos interesses gerais da humanidade, originados pela sublimação do erotismo.

Nos *Três ensaios de teoria sexual* manifestei a opinião de que cada estágio de desenvolvimento da psicossexualidade propicia uma possibilidade de "fixação" e, assim, um ponto predisponente. Pessoas que não se livraram completamente do estágio do narcisismo, ou seja, que têm aí uma fixação que pode atuar como predisposição patológica, estão expostas ao perigo de que uma inundação de libido que não encontre outro escoamento submeta seus

III. Sobre o mecanismo paranoico

impulsos sociais à sexualização, anulando assim as sublimações adquiridas durante o desenvolvimento. Tudo o que produz uma corrente retrógrada da libido ("regressão") pode levar a tal resultado, tanto, por um lado, um reforço colateral devido à desilusão com a mulher, um represamento direto devido ao malogro nas relações sociais com o homem – ambos casos de "frustração" –, quanto também uma intensificação geral da libido que seja forte demais para encontrar uma resolução pelas vias já abertas e que por isso rompe a represa no ponto fraco da construção. Visto que em nossas análises achamos que os paranoicos *buscam se defender de uma tal sexualização de seus investimentos sociais impulsionais*, somos forçados à hipótese de que cabe buscar o ponto fraco de seu desenvolvimento na parte entre o autoerotismo, o narcisismo e a homossexualidade, de que aí se encontra sua predisposição patológica, a ser talvez determinada de maneira ainda mais precisa. Teríamos de atribuir uma predisposição semelhante à *dementia praecox* de Kraepelin ou *esquizofrenia* (segundo Bleuler), e esperamos obter na sequência pontos de apoio para fundamentar as distinções quanto à forma e ao desfecho de ambas as afecções mediante as diferenças correspondentes da fixação predisponente.

Assim, se consideramos a exigência da fantasia homossexual de desejo, a exigência de *amar o homem*, como sendo o cerne do conflito na paranoia do homem, certamente não esqueceremos de que a asseguração de uma hipótese tão importante deveria pressupor a investigação de um grande número de todas as formas de adoecimento paranoico. Logo, temos de estar preparados a eventualmente restringir nossa tese a um único tipo de paranoia. De todo modo, é notável que as principais formas conhecidas da paranoia possam ser todas apresentadas como oposições a esta única afirmação: "*Eu* (um homem) *o amo* (um homem)", e que até esgotem todas as formulações possíveis dessa oposição.

A frase "Amo-o (o homem)" é contestada:

a) pelo *delírio de perseguição*, ao proclamar sonoramente:

"Não o *amo* – *odeio-o*, isto sim." Essa contestação, que no inconsciente[5] não poderia soar de outro modo, não pode contudo tornar-se consciente ao paranoico sob essa forma. O mecanismo da formação de sintomas na paranoia exige que a percepção interior, o sentimento, seja substituída por uma percepção de fora. Assim, a frase "odeio-o, isto sim" se transforma por *projeção* nesta outra: "*Ele me odeia* (persegue), o que então me autorizará a odiá-lo". O sentimento impulsor inconsciente aparece assim como dedução a partir de uma percepção externa:

"Não o *amo* – *odeio-o*, isto sim –, porque ELE ME PERSEGUE."

A observação não deixa qualquer dúvida de que o perseguidor não é outro senão o antes amado.

---

5. Em sua formulação na "língua fundamental", segundo Schreber [ver acima, p. 63].

III. Sobre o mecanismo paranoico

b) Um outro ponto de ataque para a contestação é tomado pela *erotomania*, que, sem essa concepção, permaneceria completamente incompreensível. "Não *o* amo – amo-*a*, isto sim." E a mesma compulsão à projeção força a frase a esta metamorfose: "Percebo que *ela* me ama". "Não *o* amo – amo-*a*, isto sim –, porque ELA ME AMA." Muitos casos de erotomania poderiam dar a impressão de fixações heterossexuais exageradas ou distorcidas sem outro tipo de fundamentação caso não se atentasse ao fato de todos esses apaixonamentos não começarem com a percepção interna de amar, mas com a de ser amado, oriunda de fora. Porém, nessa forma de paranoia a frase intermediária "amo-*a*" também pode se tornar consciente, pois sua oposição à primeira frase não é contraditória, não é tão incompatível quanto a oposição entre amar e odiar. Em todo o caso, continua sendo possível amá-*la* paralelamente a *ele*. Desse modo, pode acontecer que o substituto projetivo "ela me ama" ceda outra vez o lugar ao "amo-*a*, isto sim", próprio da "língua fundamental".

c) O terceiro tipo de oposição possível seria agora o delírio de *ciúme*, que podemos estudar sob formas características no homem e na mulher.

α) O delírio de ciúme do alcoólatra. O papel do álcool nessa afecção nos é compreensível sob todos os aspectos. Sabemos que esse estimulante elimina inibições e anula sublimações. Não raro, o homem é impelido ao álcool devido à desilusão com a mulher, o que em regra significa, porém, que ele se dirige ao bar e fica na companhia de homens, o que lhe proporciona a satisfação emocional de que sente falta em casa com sua mulher. Bem, mas se esses homens se tornarem objetos de um investimento libidinoso mais forte em seu inconsciente, ele se defende dele mediante o terceiro tipo de oposição:

"Não sou *eu* quem ama o homem – *ela o ama, isto sim*" – e passa a suspeitar que a mulher tenha algo com todos os homens que é tentado a amar.

A distorção projetiva não ocorre nesse caso, pois, com a mudança do sujeito que ama, o processo foi, de todo modo, lançado para fora do eu. O fato de a mulher amar os homens é uma questão da percepção exterior; o fato de a própria pessoa não amar, mas odiar, o fato de não amar esta outra pessoa, mas aquela, tais são, não obstante, fatos da percepção interior.

β) A paranoia ciumenta das mulheres se produz de forma perfeitamente análoga.

"Não sou *eu* quem ama as mulheres – mas *é ele quem as ama.*" Em decorrência de seu narcisismo predisponente, tornado excessivamente forte, e de sua homossexualidade, a mulher ciumenta nutre suspeitas de que o homem tenha algo com todas as mulheres que agradam a ela própria. Na escolha dos objetos de amor atribuídos ao homem, revela-se inequivocamente a influência da época de vida em que ocorreu a fixação; em geral são mulheres velhas, impróprias para o amor real, renovações de tutoras, empregadas e amigas de infância, ou de irmãs que com ela concorriam diretamente.

III. Sobre o mecanismo paranoico

Seria de acreditar que uma frase composta de três elementos como "eu o amo" admitiria apenas três tipos de contestação. O delírio de ciúme contesta o sujeito; o delírio de perseguição, o verbo; e a erotomania, o objeto. No entanto, ainda é realmente possível um quarto tipo de contestação, a rejeição completa da frase inteira:
"Não amo ninguém, de forma alguma" – e essa frase parece psicologicamente equivalente, já que afinal é preciso dirigir sua libido a alguma coisa, à frase "Amo apenas a mim mesmo". Esse tipo de contestação nos forneceria portanto o delírio de grandeza, que podemos compreender como uma *supervalorização sexual do próprio eu* e, assim, colocar ao lado da conhecida supervalorização do objeto amoroso.[6]

Não será desprovido de importância para outras partes da teoria da paranoia que um ingrediente de delírio de grandeza seja constatado na maioria das outras formas de adoecimento paranoico. Temos o direito de supor, afinal, que o delírio de grandeza seja absolutamente infantil e que no desenvolvimento posterior seja sacrificado à sociedade, assim como não há outra influência que o reprima tão intensamente quanto um apaixonamento que arrebate o indivíduo de maneira enérgica.

Pois onde o amor desperta, morre
o eu, o déspota sombrio.[7]

---

6. *Três ensaios de teoria sexual*, 1905 *d*. – Ver a mesma concepção e a mesma fórmula em Abraham (*loc. cit.*) e Maeder (*loc. cit.*).
7. Dschelaledin Rumi, traduzido por Rückert; citado segundo a introdução de Kuhlenbeck ao quinto volume das obras de Giordano Bruno.

Depois destas discussões sobre a inesperada importância da fantasia homossexual de desejo para a paranoia, voltamos àqueles dois fatores em que queríamos de antemão situar o que há de característico nessa forma de adoecimento: ao mecanismo da *formação de sintomas* e ao do *recalcamento*. Certamente não temos de início qualquer direito de supor que esses dois mecanismos sejam idênticos, que a formação de sintomas ocorra pela mesma via que o recalcamento, ou seja, que talvez o mesmo caminho seja aí percorrido em direção oposta. Tal identidade tampouco é muito provável; no entanto, queremos nos abster de qualquer declaração a respeito antes da investigação.

Na formação de sintomas da paranoia, chama sobretudo a atenção aquele traço que merece ser chamado de *projeção*. Uma percepção interior é reprimida e, para substituí-la, seu conteúdo vem à consciência, depois de sofrer uma certa distorção, como percepção de fora. No delírio de perseguição, a distorção consiste numa transformação de afetos; o que deveria ter sido sentido interiormente como amor é percebido como ódio de fora. Estaríamos tentados a apresentar esse notável processo como o mais significativo da paranoia e como absolutamente patognomônico para ela se não fôssemos lembrados a tempo de que 1) a projeção não desempenha o mesmo papel em todas as formas da paranoia e 2) de que ela ocorre não só na paranoia, mas também sob outras circunstâncias na vida psíquica, cabendo-lhe inclusive uma parcela regular em nossa atitude frente ao mundo externo. Quando buscamos as causas de

III. Sobre o mecanismo paranoico

certas impressões sensoriais não em nós mesmos, tal como buscamos as causas de outras, mas as deslocamos para fora, esse processo normal também merece o nome de projeção. Uma vez que assim atentamos para o fato de na compreensão da projeção se tratar de problemas psicológicos mais gerais, decidimos reservar o estudo da projeção e, com este, o do mecanismo da formação paranoica de sintomas em geral para um outro contexto, e nos voltamos para a questão de saber que ideias somos capazes de formar sobre o mecanismo do recalcamento na paranoia. Para justificar nossa desistência provisória, adianto que descobriremos que o tipo de processo recalcador se liga de maneira muito mais íntima com a história do desenvolvimento da libido e com a predisposição nela dada do que o tipo de formação de sintomas.

Na psicanálise, fizemos os fenômenos patológicos se derivarem de maneira bem geral do recalcamento. Se observarmos mais precisamente o que é chamado de "recalcamento", encontraremos ocasião de decompor o processo em três fases, que permitem uma boa distinção conceitual.

1) A primeira fase consiste na *fixação*, a precursora e a condição de qualquer "recalcamento". O fato da fixação pode ser definido como a circunstância de um impulso ou parte dele não tomar parte do desenvolvimento previsto como normal e, em decorrência dessa inibição no desenvolvimento, permanecer num estágio mais infantil. A respectiva corrente libidinal se comporta em relação às formações psíquicas posteriores como se pertencesse ao

sistema do inconsciente, como se estivesse recalcada. Já dissemos que em tais fixações dos impulsos se encontra a predisposição ao posterior adoecimento, e, podemos acrescentar, sobretudo o determinante para o desfecho da terceira fase do recalcamento.

2) A segunda fase do recalcamento é o recalcamento propriamente dito, que até agora tivemos preferentemente em vista. Ele parte dos sistemas do eu mais altamente desenvolvidos e passíveis de consciência, e pode na verdade ser descrito como um "pós-calcar". Ele dá a impressão de ser um processo essencialmente ativo, enquanto a fixação se apresenta como um remanescente propriamente passivo. Sucumbem ao recalcamento ou os derivados psíquicos daqueles impulsos que ficaram primariamente para trás, quando, mediante seu fortalecimento, ocorre um conflito entre eles e o eu (ou os impulsos alinhados com o eu), ou aquelas aspirações psíquicas contra as quais, por outras razões, se ergue uma forte rejeição. Porém, essa rejeição não resultaria no recalcamento se não se estabelecesse uma conexão entre as aspirações desagradáveis a serem recalcadas e aquelas já recalcadas. Quando isso é o caso, a repulsão dos sistemas conscientes e a atração dos inconscientes atuam no mesmo sentido para o êxito do recalcamento. Os dois casos aqui isolados poderão na realidade ser menos nitidamente separados e distinguir-se apenas por uma maior ou menor contribuição por parte dos impulsos primariamente recalcados.

3) Como terceira e mais significativa fase para os fenômenos patológicos, cabe citar a do fracasso do

III. Sobre o mecanismo paranoico

recalcamento, da *irrupção*, do *retorno do recalcado*. Essa irrupção ocorre a partir do ponto da fixação e tem por conteúdo uma regressão do desenvolvimento libidinal até esse ponto.

Já mencionamos as variedades da fixação; são tantas quantos são os estágios no desenvolvimento da libido. Precisaremos estar preparados para outras variedades no que se refere aos mecanismos do recalcamento propriamente dito e aos da irrupção (ou da formação de sintomas), podendo já agora supor que não conseguiremos explicar todas essas variedades apenas pela história do desenvolvimento da libido.

É fácil adivinhar que com essas discussões tocamos o problema da escolha da neurose, que, entretanto, não poderá ser abordado sem trabalhos preliminares de outro tipo. Recordemo-nos agora de que já tratamos da fixação e de que deixamos para mais tarde a formação de sintomas, e limitemo-nos à questão de saber se da análise do caso Schreber será possível obter uma indicação referente ao mecanismo de recalcamento (propriamente dito) preponderante na paranoia.

No auge da doença, formou-se em Schreber, sob a influência de visões "em parte de natureza horrenda, mas, por outro lado, em parte de grandiosidade indescritível" (p. 73), a convicção quanto a uma grande catástrofe, a um fim do mundo. Vozes lhe diziam que agora se perdera a obra de um passado de catorze mil anos, que à Terra havia sido concedida a duração de apenas 212 anos (p. 71); no último período de sua estadia no estabelecimento de Flechsig, ele julgava que esse prazo já expirara. Ele próprio era o "único homem real ainda restante", e as poucas figuras humanas que ainda via – o médico, os enfermeiros e os pacientes –, declarava-as "homens feitos por milagre, fugazmente esboçados". Vez por outra, a corrente recíproca também abria caminho; apresentaram-lhe uma página de jornal na qual se lia a notícia de sua própria morte (p. 81), ele próprio existia sob uma segunda e inferior forma, e, sob esta, falecera suavemente certo dia (p. 73). No entanto, a configuração do delírio que mantinha o eu e sacrificava o mundo provou ser de longe a mais forte. Ele tinha ideias variadas sobre a causa dessa catástrofe; ora pensava num congelamento provocado pelo afastamento do Sol, ora na destruição por um terremoto, fato que, na condição de "vidente", elevava-o a um papel de causador semelhante ao que outro vidente supostamente tivera por ocasião do terremoto de Lisboa em 1755 (p. 91). Ou então o culpado era Flechsig, ao difundir medo e pavor entre os seres humanos por meio de suas artes mágicas, destruir os fundamentos da religião e provocar o alastramento de uma nervosidade e uma imoralidade gerais, em consequência das quais epidemias devastadoras teriam se abatido sobre os seres humanos (p. 91). Em todo o caso, o fim do mundo era a consequência do conflito que irrompera entre ele e Flechsig, ou, como a etiologia se apresentava na segunda fase do delírio, sua ligação com Deus, que se tornara indissolúvel, ou seja, o resultado necessário de seu adoecimento. Anos depois,

III. Sobre o mecanismo paranoico

quando o dr. Schreber tinha voltado à comunidade humana e nada pôde descobrir em seus livros, partituras e demais objetos de uso, aos quais voltara a ter acesso, que fosse compatível com a hipótese de um grande abismo temporal na história da humanidade, ele admitiu que sua concepção não podia mais ser sustentada: "[...] não posso esquivar-me a reconhecer que, *considerando exteriormente*, tudo ficou na mesma. Mais adiante, será discutido *se, não obstante, não ocorreu uma profunda mudança interior*" (p. 84-5). Ele não podia duvidar de que o mundo sucumbira durante seu adoecimento e de que aquele que agora via diante de si não era o mesmo.

Tal catástrofe mundial durante o estágio tempestuoso da paranoia tampouco é raro em outras histórias clínicas.[8] No terreno de nossa concepção do investimento libidinal, não nos será difícil esclarecer essas catástrofes se nos deixarmos guiar pela avaliação dos outros seres humanos como "homens fugazmente esboçados".[9] O doente retirou o investimento libidinal das pessoas de seu entorno e do mundo exterior em geral, investimento que até então estivera dirigido a eles; com isso, tudo se tornou para ele indiferente e desconexo, devendo ser declarado, por uma racionalização secundária, "feito por milagre,

---

8. Uma espécie de "fim do mundo", motivada de outra maneira, ocorre no auge do êxtase amoroso (*Tristão e Isolda*, de Wagner); nesse caso não é o eu, e sim um único objeto que suga todos os investimentos dados ao mundo exterior.
9. Ver Abraham, 1908 – Jung, 1907. – O breve trabalho de Abraham contém quase todos os pontos de vista essenciais deste estudo sobre o caso Schreber.

fugazmente esboçado". O fim do mundo é a projeção dessa catástrofe interior; seu mundo subjetivo sucumbiu desde que lhe retirou seu amor.[10] Após a maldição com que Fausto renuncia ao mundo, o coro dos espíritos canta:

> Ai! Ai!
> Destruíste-o,
> O belo mundo,
> Com punho enérgico;
> Ele cai, desmorona!
> Um semideus o despedaçou!
> [...]
> Mais poderoso
> Dos filhos da Terra,
> Mais magnificamente
> O reconstrua,
> Reconstrua-o em teu peito![11]

E o paranoico o reconstrói, não mais magnificamente, é verdade, mas pelo menos de uma maneira que possa viver nele outra vez. Ele o constrói pelo trabalho de seu delírio. *O que tomamos pela produção patológica, a formação delirante, é na realidade a tentativa de cura,*

---

10. Talvez não apenas o investimento libidinal, mas o interesse em geral, ou seja, também os investimentos que partem do eu. Ver mais adiante a discussão dessa questão.

11. Goethe, *Fausto I*, cena 4 ("Gabinete de estudo"), versos 1607-1612, 1617-1621. (N.T.)

III. Sobre o mecanismo paranoico

a reconstrução. Depois da catástrofe, ela é mais ou menos bem-sucedida, jamais completamente; segundo as palavras de Schreber, ocorreu uma "profunda mudança interna" com o mundo. No entanto, o homem readquiriu uma relação com as pessoas e coisas do mundo, muitas vezes uma relação bastante intensa, ainda que possa ser hostil aquela que antes era de terna expectativa. Diremos, pois: o processo recalcador propriamente dito consiste num desprendimento da libido das pessoas – e coisas – antes amadas. Ele ocorre mudamente; não recebemos notícia dele, somos forçados a deduzi-lo dos processos subsequentes. O que se torna ruidosamente perceptível a nós é o processo curativo, que anula o recalcamento e leva a libido de volta às pessoas que ela deixou. Esse processo se realiza na paranoia pela via da projeção. Não foi correto dizer que a sensação interiormente reprimida é projetada para fora; reconhecemos, antes, que o que fora suprimido interiormente retorna vindo de fora. A investigação aprofundada do processo de projeção, que adiamos para uma próxima vez, nos dará a máxima certeza a respeito disso.

Bem, mas não ficaremos descontentes pelo fato de a recém-obtida compreensão nos obrigar a uma série de discussões adicionais.

1) A ponderação mais imediata nos diz que um desprendimento da libido não pode ocorrer exclusivamente na paranoia, nem pode ter consequências tão nefastas quando ocorre em outros casos. É bem possível

que o desprendimento da libido seja o mecanismo essencial e regular de todo recalcamento; nada saberemos a respeito enquanto as outras afecções recalcadoras não tiverem sido submetidas a uma investigação análoga. É certo que na vida psíquica normal (e não apenas no luto) realizamos constantemente tais desprendimentos da libido em relação a pessoas ou outros objetos sem adoecer no processo. Quando Fausto renuncia ao mundo com aquelas maldições, não resulta disso qualquer paranoia ou outra neurose, e sim uma peculiar disposição psíquica geral. Em si mesmo, o desprendimento da libido não pode portanto ser o elemento patogênico na paranoia; requer-se uma característica especial que possa distinguir o desprendimento paranoico da libido de outros tipos do mesmo processo. Não é difícil propor tal característica. Qual é o outro emprego da libido liberada pelo desprendimento? Normalmente, buscamos de imediato um substituto para a ligação suprimida; até que se consiga esse substituto, mantemos a libido livre pairando na psique, onde produz tensões e influencia o estado de ânimo; na histeria, o montante liberado de libido se transforma em inervações físicas ou em angústia. Na paranoia, contudo, temos um indício clínico de que a libido subtraída ao objeto é conduzida a um emprego específico. Recordamo-nos de que a maioria dos casos de paranoia mostra um quê de delírio de grandeza e que este pode constituir, por si mesmo, uma paranoia. Disso concluiremos que a libido liberada na paranoia tomou o partido do eu, é empregada no engrandecimento do eu.

III. Sobre o mecanismo paranoico

Assim, alcançou-se outra vez o estágio do narcisismo, que conhecemos do desenvolvimento da libido, estágio em que o próprio eu era o único objeto sexual. Devido a essa informação clínica, supomos que os paranoicos trouxeram consigo uma *fixação ao narcisismo* e declaramos que o *retrocesso que vai da homossexualidade sublimada até o narcisismo* fornece o montante da *regressão* que é característica da paranoia.

2) Uma objeção igualmente evidente poderá se apoiar na história clínica de Schreber (como em tantas outras) ao declarar que o delírio de perseguição (em relação a Flechsig) surgiu inequivocamente antes do que a fantasia do fim do mundo, de modo que o suposto retorno do recalcado precederia o próprio recalcamento, o que é claramente absurdo. Graças a essa objeção, precisaremos descer da consideração mais geral à apreciação individual das condições reais, certamente muito mais complicadas. Será preciso admitir a possibilidade de que tal desprendimento da libido tanto possa ser parcial, um retraimento de um complexo isolado, como geral. O desprendimento parcial poderia ser de longe o mais frequente e aquele que introduz o geral, por ser, afinal, inicialmente motivado apenas pelas influências da vida. A situação, então, poderá ficar num desprendimento parcial, ou este poderá ser completado até se tornar geral, manifestando-se chamativamente pelo delírio de grandeza. No caso de Schreber, o desprendimento da libido da pessoa de Flechsig pode ter sido, de qualquer modo, o elemento primário; ele é logo seguido pelo delírio, que reconduz a libido outra vez

a Flechsig (com sinal negativo como marca do recalcamento ocorrido) e assim elimina a obra do recalcamento. Então a luta recalcadora estoura novamente, mas desta vez se serve de recursos mais possantes; na medida em que o objeto controverso se transforma no mais importante do mundo exterior, por um lado querendo atrair toda a libido para si e, por outro, mobilizando contra si todas as resistências, a luta por esse único objeto se torna comparável a uma batalha universal em cujo transcurso a vitória do recalcamento se expressa pela convicção de que o mundo sucumbiu e que restou apenas o si mesmo. Se abarcarmos as engenhosas construções que o delírio de Schreber edifica sobre o terreno religioso (a hierarquia de Deus – as almas provadas – os átrios do céu – o Deus inferior e o superior), poderemos estimar via indução a riqueza de sublimações levada à derrocada pela catástrofe do desprendimento geral da libido.

3) Uma terceira ponderação, que se ergue sobre o terreno das opiniões aqui desenvolvidas, levanta a questão de saber se devemos aceitar o desprendimento geral da libido em relação ao mundo exterior como suficientemente efetivo para explicar a partir dele o "fim do mundo", se nesse caso os investimentos do eu conservados não deveriam bastar para manter a relação com o mundo exterior. Então, ou precisaríamos fazer o que chamamos de investimento libidinal (interesse oriundo de fontes eróticas) coincidir com o interesse geral, ou considerar a possibilidade de que uma vasta perturbação no acomodamento da libido também possa induzir uma perturbação

III. Sobre o mecanismo paranoico

correspondente nos investimentos do eu. Bem, mas esses são problemas para cuja resposta ainda nos achamos inteiramente desamparados e inábeis. Se pudéssemos partir de uma teoria dos impulsos consolidada, as coisas seriam diferentes. Mas, na verdade, não dispomos de nada do gênero. Compreendemos o impulso como o conceito fronteiriço do somático frente ao psíquico, vemos nele o representante psíquico de potências orgânicas e adotamos a distinção popular entre impulsos do eu e impulso sexual, que, para nós, parece coincidir com a dúplice posição biológica do indivíduo, que aspira por sua própria conservação tal como aspira pela da espécie. Porém, todo o resto são construções, que erguemos e de bom grado também deixamos cair, a fim de nos orientar no emaranhado dos mais obscuros processos psíquicos, e esperamos precisamente das investigações psicanalíticas sobre processos psíquicos patológicos que elas nos imponham certas decisões nas questões da teoria dos impulsos. Considerando o quanto são jovens e isoladas tais investigações, essa expectativa ainda não pode ter sido satisfeita. Não se poderá rejeitar a possibilidade de repercussões dos distúrbios da libido sobre os investimentos do eu, como tampouco o inverso disso, a perturbação secundária ou induzida dos processos libidinais devido a modificações anormais no eu. É até provável que processos desse tipo constituam o caráter distintivo da psicose. Atualmente, não será possível indicar o que disso cabe considerar na paranoia. Apenas gostaria de destacar um único ponto de vista. Não se pode afirmar que o paranoico retraiu completamente seu interesse do mundo exterior, nem mesmo no auge do recalcamento, conforme é preciso descrever, por exemplo, quando se trata de certas outras formas de psicoses alucinatórias (amência de Meynert). Ele percebe o mundo exterior, presta contas a si mesmo sobre as modificações dele, a impressão que ele lhe causa o incita a produções explicativas (os homens "fugazmente esboçados") e, por isso, julgo muito mais provável que sua relação alterada com o mundo possa ser esclarecida somente ou sobretudo pela perda do interesse libidinal.

4) Considerando as relações de proximidade entre a paranoia e a *dementia praecox*, não se pode escapar à questão sobre como tal concepção da primeira afecção afetará a concepção da segunda. Julgo ser um passo bem justificado de Kraepelin fundir numa nova unidade clínica, junto com a catatonia e outras formas, muito do que antes era chamado de paranoia, unidade para a qual o nome *dementia praecox*, contudo, foi escolhido de maneira particularmente canhestra. À denominação dada por Bleuler ao mesmo grupo de formas, esquizofrenia, também se poderia objetar que o nome só parece bem utilizável quando não se recorda o significado da palavra. De resto, o nome prejulga demais ao empregar na designação uma característica teoricamente postulada, além disso, uma característica tal que não cabe exclusivamente à afecção e que, à luz de outras opiniões, não pode ser declarada como a essencial. No todo, porém, não é muito importante como denominamos os quadros clínicos. Mais essencial me pareceria manter a paranoia como tipo

III. Sobre o mecanismo paranoico

clínico independente, mesmo que seu quadro seja com tanta frequência complicado por traços esquizofrênicos, pois, do ponto de vista da teoria da libido, ela se deixaria, por uma outra localização da fixação predisponente e um outro mecanismo de retorno (formação de sintomas), distinguir da *dementia praecox*, com a qual teria em comum a característica principal do recalcamento propriamente dito, o desprendimento da libido com regressão ao eu. Julgo que o mais apropriado seria dar à *dementia praecox* o nome de *parafrenia*, que, de conteúdo em si mesmo indefinido, expressa suas relações com a invariavelmente denominada paranoia, e que, além disso, lembra a hebefrenia, por ela absorvida. Não importaria, aí, que esse nome já tenha sido sugerido antes para outra coisa, visto que esses outros usos não vingaram.

Abraham (*loc. cit.*) expôs de maneira bastante convincente que a característica do afastamento da libido em relação ao mundo exterior é particularmente nítida na *dementia praecox*. Dessa característica, deduzimos o recalcamento via desprendimento da libido. Também aqui, compreendemos a fase das alucinações tempestuosas como uma fase de luta entre o recalcamento e uma tentativa de cura, que pretende levar a libido de volta a seus objetos. Nos delírios e estereotipias motoras dessa doença, Jung reconheceu com extraordinária perspicácia analítica os restos obstinadamente conservados dos antigos investimentos objetais. Essa tentativa de cura, considerada pelo observador como a própria doença, não se serve contudo da projeção, como na paranoia, e sim do mecanismo alucinatório (histérico). Essa é uma das grandes diferenças em relação à paranoia; ela é suscetível de uma explicação genética provinda de outra parte. O desfecho da *dementia praecox*, quando a afecção não se mantém tão demasiadamente parcial, acarreta a segunda diferença. Ele é em geral mais desfavorável que o da paranoia; a vitória não é da reconstrução, como no caso da última, e sim do recalcamento. A regressão não vai só até o narcisismo, que se expressa no delírio de grandeza, mas até o completo abandono do amor objetal e o retorno ao autoerotismo infantil. A fixação predisponente tem de ser portanto mais antiga que a da paranoia, estar contida no começo do desenvolvimento que, partindo do autoerotismo, aspira ao amor objetal. Também não é de forma alguma provável que os ímpetos homossexuais que encontramos tão frequentemente na paranoia, talvez de maneira regular, desempenhem um papel analogamente significativo na etiologia da *dementia praecox*, afecção muito mais irrestrita.

    Nossas hipóteses sobre as fixações predisponentes na paranoia e na parafrenia tornam facilmente compreensível que um caso possa começar com sintomas paranoicos e, no entanto, se desenvolver até a demência; que fenômenos paranoides e esquizofrênicos se combinem em qualquer medida e que possa ocorrer um quadro clínico como o de Schreber, que merece o nome de demência paranoica e leva em conta o caráter parafrênico pelo surgimento da fantasia de desejo e das alucinações, e o caráter paranoide graças ao motivo, ao mecanismo

III. Sobre o mecanismo paranoico

da projeção e ao desfecho. Afinal, várias fixações podem ter sido deixadas para trás no desenvolvimento e, uma após a outra, permitido a irrupção da libido afastada, talvez em primeiro lugar aquela mais tarde adquirida, e então, no transcurso posterior da doença, a original, mais próxima do ponto de partida. Bem gostaríamos de saber a que condições esse caso deve a resolução relativamente favorável, pois não é de bom grado que nos decidiríamos a considerar algo tão casual quanto a "melhora por mudança", que ocorreu quando o paciente deixou o estabelecimento de Flechsig[12], como o único fator responsável pelo desfecho. Porém, nosso conhecimento insuficiente dos nexos íntimos dessa história clínica torna impossível a resposta a essa interessante questão. Poderíamos apresentar como conjectura que o matiz essencialmente positivo do complexo paterno, a relação provavelmente tranquila, na realidade dos anos posteriores, com um excelente pai, possibilitou a reconciliação com a fantasia homossexual e, assim, o transcurso com feitio de cura.

Como não temo a crítica nem receio a autocrítica, não tenho motivo para evitar a menção de uma semelhança que talvez prejudique nossa teoria da libido no juízo de muitos leitores. Os "raios divinos" de Schreber, compostos pela condensação de raios solares, fibras nervosas e espermatozoides, na verdade não são outra coisa senão os investimentos libidinais objetivamente figurados e projetados para fora, conferindo a seu delírio uma

---
12. Ver Riklin, 1905.

chamativa concordância com nossa teoria. Que o mundo tenha de sucumbir porque o eu do doente atrai todos os raios para si; que mais tarde, durante o processo de reconstrução, ele se preocupe receosamente com o fato de Deus poder vir a romper a ligação de raios com ele – estas e várias outras particularidades da formação delirante de Schreber quase soam como percepções endopsíquicas dos processos cuja suposição coloquei aqui na base de uma compreensão da paranoia. Posso, no entanto, apresentar o testemunho de um amigo e especialista em favor do fato de que desenvolvi a teoria da paranoia antes de conhecer o conteúdo do livro de Schreber. Que o futuro decida se a teoria contém mais delírio do que eu gostaria, ou se o delírio contém mais verdade do que outros acham hoje verossímil.

 Por fim, não gostaria de concluir este trabalho, que mais uma vez, afinal, representa apenas um fragmento de um contexto maior, sem resumir as duas principais teses a cuja comprovação ruma a teoria libidinal das neuroses e psicoses, a saber, que no essencial as neuroses resultam do conflito do eu com o impulso sexual e que suas formas conservam as marcas da história do desenvolvimento da libido – e do eu.

Adendo

Na abordagem da história clínica do presidente da Suprema Corte Schreber, limitei-me propositalmente a um mínimo de interpretação, e posso confiar que todo leitor com instrução psicanalítica tenha depreendido do material comunicado mais do que aquilo que digo de forma expressa; que não lhe tenha sido difícil reunir mais firmemente os fios da concatenação e chegar a conclusões a que apenas aludo. Um feliz acaso, que dirigiu a atenção de outros autores do mesmo número[1] à autobiografia de Schreber, também permite conjecturar o quanto ainda se poderá extrair do conteúdo simbólico das fantasias e ideias delirantes do engenhoso paranoico.[2]

Um enriquecimento casual de meus conhecimentos desde a publicação de meu trabalho sobre Schreber colocou-me agora em condições de apreciar melhor uma de suas afirmações delirantes e reconhecê-la como rica em relações *mitológicas*. À página 106 menciono a peculiar relação do doente com o Sol, que tive de declarar como "símbolo paterno" sublimado. O Sol fala com ele usando palavras humanas e, assim, dá-se a conhecer como um ser animado. Ele costuma xingar o Sol e berrar-lhe palavras

---

1. Freud se refere ao vol. 3, nº 1, de 1911, do *Jahrbuch für psychoanalytische und psychopathologische Forschungen* [Anuário de pesquisas psicanalíticas e psicopatológicas], em que o presente texto foi publicado pela primeira vez. (N.T.)
2. Ver Jung, 1911, p. 164 e 207; Spielrein, 1911, p. 350.

de ameaça; também assegura que seus raios empalidecem diante dele quando fala em voz alta voltado para ele. Após sua "convalescença", ele se vangloria de poder olhar tranquilamente para o Sol e ser ofuscado apenas em muito modesta medida, o que, é claro, não teria sido possível antes (nota à p. 139 do livro de Schreber).

Bem, mas o interesse mitológico se relaciona com esse privilégio delirante de poder olhar para o Sol sem ser ofuscado. Lemos em S. Reinach[3] que os antigos naturalistas atribuíam essa capacidade apenas às águias, que, como habitantes das camadas superiores do ar, eram colocadas numa relação especialmente estreita com o céu, o Sol e o raio.[4] Porém, as mesmas fontes também relatam que a águia submete seus filhotes a uma prova antes de reconhecê-los como legítimos. Caso não consigam olhar para o Sol sem piscar, são jogados para fora do ninho.

Não poderá restar dúvida sobre o significado desse mito animal. É certo que aí apenas se atribui aos animais o que é um costume sagrado entre humanos. O que a águia faz com seus filhotes é um *ordálio*, uma prova de origem, tal como relatada acerca dos mais diferentes povos dos tempos antigos. Era assim que os celtas estabelecidos às margens do Reno confiavam seus recém-nascidos aos fluxos da corrente a fim de se convencerem de que eram realmente de seu sangue. O povo dos psilos, que

---

3. 1905-1912, vol. 3 (1908), p. 80. (Segundo Keller, 1887.)
4. Nos pontos mais altos dos templos havia imagens de águias, destinadas a funcionar como para-raios "mágicos" (ver Reinach, *loc. cit.*).

Adendo

vivia onde atualmente é Trípoli e que se vangloriava de descender de serpentes, expunha os próprios filhos ao contato destas; os legitimamente nascidos ou não eram picados, ou se recuperavam depressa das consequências da picada.[5] O pressuposto desses testes leva profundamente para dentro do modo *totêmico* de pensar dos povos primitivos. O totem – o animal ou a potência natural, imaginada animisticamente, do qual a tribo deriva sua origem – poupa os membros dessa tribo enquanto filhos seus, assim como ele próprio é venerado por eles como ancestral e, eventualmente, poupado. Chegamos aqui a coisas que me parecem chamadas a possibilitar uma compreensão psicanalítica das origens da religião.

A águia, que faz os filhotes olharem para o Sol e exige que não sejam ofuscados pela luz deste, comporta-se portanto como um descendente do Sol que submete os filhos à prova de ascendência. E quando Schreber se vangloria de poder olhar para o Sol impunemente e sem ser ofuscado, ele reencontrou a expressão mitológica de sua relação filial com o Sol, confirmou novamente nossa compreensão do seu Sol como um símbolo do pai. Se nos recordarmos de que em sua doença Schreber dá livre expressão a seu orgulho familiar ("Os Schreber pertencem à mais elevada nobreza celeste")[6], de que encontramos em sua ausência de filhos um motivo humano para seu adoecimento devido a uma fantasia feminina de desejo,

---

5. Ver bibliografia em Reinach, *loc. cit.* e *ibid.*, vol. 1, p. 74.
6. *Memórias*, p. 24. – "Nobreza" [*Adel*] se relaciona com "águia" [*Adler*].

torna-se bastante nítido o nexo entre sua prerrogativa delirante e as bases de sua doença.

Esse breve adendo à análise de um paranoide poderá demonstrar o quanto é bem fundamentada a afirmação de Jung segundo a qual as forças mitopoéticas da humanidade não se extinguiram, mas ainda hoje criam nas neuroses os mesmos produtos psíquicos de tempos antiquíssimos. Gostaria de retomar uma alusão feita anteriormente[7] ao declarar que o mesmo vale para as forças criadoras de religiões. E acredito que logo será hora de ampliar uma tese que nós, psicanalistas, já enunciamos há muito, hora de acrescentar a seu conteúdo individual, ontogeneticamente compreendido, o complemento antropológico, a ser apreendido filogeneticamente. Disséramos: no sonho e na neurose reencontramos a *criança*, com as peculiaridades de seu modo de pensar e de sua vida de afetos. Complementaremos: também reencontramos o homem *selvagem*, *primitivo*, tal como ele se mostra a nós à luz da arqueologia e da etnologia.

---

7. "Atos obsessivos e práticas religiosas", 1907 *b*.

Bibliografia[1]

Abraham, K. "Die psychosexuellen Differenzen der Hysterie und der Dementia praecox" ["As diferenças psicossexuais entre a histeria e a *dementia praecox*"]. *Zentbl. Nervenheilk.*, vol. 19, p. 521, 1908. (89, 121, 127, 135)

Adler, A. "Der psychische Hermaphroditismus im Leben und in der Neurose" ["O hermafroditismo psíquico na vida e na neurose"]. *Fortschr. Med.*, vol. 28, p. 486, 1910. (91)

Freud, S. *Die Traumdeutung. Gesammelte Werke*, vol. 2-3; *Studienausgabe*, vol. 2, 1900 a. [*A interpretação dos sonhos*. Trad. Renato Zwick. Porto Alegre: L&PM, 2012.] (104)

_____. *Drei Abhandlungen zur Sexualtheorie* [*Três ensaios de teoria sexual*]. *GW*, vol. 5, p. 29; *SA*, vol. 5, p. 37, 1905 d. (115, 116, 121)

_____. "Bruchstück einer Hysterie-Analyse". *GW*, vol. 5, p. 163; *SA*, vol. 6, p. 83, 1905 e. [*Fragmento de uma análise de histeria* (*O caso Dora*). Trad. Renato Zwick. Porto Alegre: L&PM, 2019.] (105)

---

1. Os números entre parênteses ao final de cada entrada indicam a(s) página(s) em que a obra é mencionada neste livro; no caso de autores com mais de uma obra, seus textos aparecem ordenados cronologicamente. (N.T.)

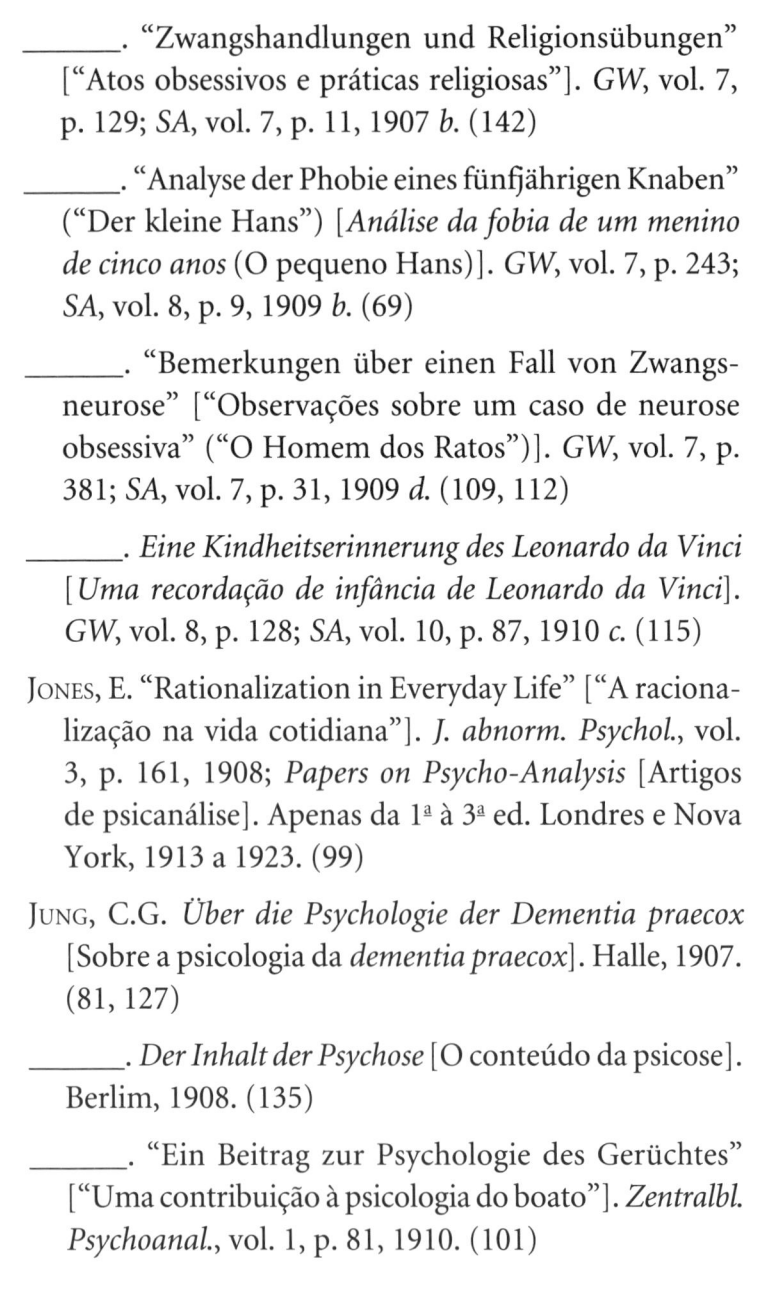

_____. "Zwangshandlungen und Religionsübungen" ["Atos obsessivos e práticas religiosas"]. *GW*, vol. 7, p. 129; *SA*, vol. 7, p. 11, 1907 *b*. (142)

_____. "Analyse der Phobie eines fünfjährigen Knaben" ("Der kleine Hans") [*Análise da fobia de um menino de cinco anos* (O pequeno Hans)]. *GW*, vol. 7, p. 243; *SA*, vol. 8, p. 9, 1909 *b*. (69)

_____. "Bemerkungen über einen Fall von Zwangsneurose" ["Observações sobre um caso de neurose obsessiva" ("O Homem dos Ratos")]. *GW*, vol. 7, p. 381; *SA*, vol. 7, p. 31, 1909 *d*. (109, 112)

_____. *Eine Kindheitserinnerung des Leonardo da Vinci* [*Uma recordação de infância de Leonardo da Vinci*]. *GW*, vol. 8, p. 128; *SA*, vol. 10, p. 87, 1910 *c*. (115)

JONES, E. "Rationalization in Everyday Life" ["A racionalização na vida cotidiana"]. *J. abnorm. Psychol.*, vol. 3, p. 161, 1908; *Papers on Psycho-Analysis* [Artigos de psicanálise]. Apenas da 1ª à 3ª ed. Londres e Nova York, 1913 a 1923. (99)

JUNG, C.G. *Über die Psychologie der Dementia praecox* [Sobre a psicologia da *dementia praecox*]. Halle, 1907. (81, 127)

_____. *Der Inhalt der Psychose* [O conteúdo da psicose]. Berlim, 1908. (135)

_____. "Ein Beitrag zur Psychologie des Gerüchtes" ["Uma contribuição à psicologia do boato"]. *Zentralbl. Psychoanal.*, vol. 1, p. 81, 1910. (101)

Bibliografia

_____. "Wandlungen und Symbole der Libido" ["Transformações e símbolos da libido"]. *Jb. psychoanalyt. psychopath. Forsch.*, vol. 3, p. 120, 1911. (139)

Keller, O. *Die Thiere des classischen Alterthums in culturgeschichtlicher Beziehung* [Os animais da Antiguidade clássica sob o aspecto da história da cultura]. Innsbruck, 1887. (140)

Maeder, A. "Psychologische Untersuchungen an Dementia praecox-Kranken" ["Investigações psicológicas em doentes de *dementia praecox*"]. *Jb. psychoanalyt. psychopath. Forsch.*, vol. 2, p. 185, 1910. (114, 121)

Rank, O. *Der Mythus von der Geburt des Helden* [O mito do nascimento do herói]. Leipzig e Viena, 1909. (101)

Reinach, S. *Cultes, mythes et religions.* 4 vols. Paris, 1905-1912. (140-141)

Riklin, F. "Über Versetzungsbesserungen" ["Sobre melhoras por mudança"]. *Psychiat.-neurol. Wschr.*, vol. 7, p. 153, 165 e 179, 1905. (137)

Sadger, I. "Ein Fall von multipler Perversion mit hysterischen Absenzen" ["Um caso de perversão múltipla acompanhado de ausências histéricas"]. *Jb. psychoanalyt. psychopath. Forsch.*, vol. 2, p. 59, 1910. (115)

Schreber, D.G.M. *Ärztliche Zimmer-Gymnastik* [Ginástica médica doméstica]. Leipzig, 1855. (103)

Schreber, D.P. *Denkwürdigkeiten eines Nervenkranken.* Leipzig, 1903. [*Memórias de um doente dos nervos.* Trad. Marilene Carone. Rio de Janeiro: Graal, 1984.] (*passim*)

SPIELREIN, S. "Über den psychologischen Inhalt eines Falles von Schizophrenie (Dementia praecox)" ["Sobre o conteúdo psicológico de um caso de esquizofrenia (*dementia praecox*)"]. *Jb. psychoanalyt. psychopath. Forsch.*, vol. 3, p. 329, 1911. (139)

Colaboradores desta edição

Renato Zwick é bacharel em filosofia pela Unijuí e mestre em letras (língua e literatura alemã) pela USP. É tradutor de Nietzsche (*O anticristo*, L&PM, 2008; *Crepúsculo dos ídolos*, L&PM, 2009; e *Além do bem e do mal*, L&PM, 2008), de Rilke (*Os cadernos de Malte Laurids Brigge*, L&PM, 2009), de Freud (*O futuro de uma ilusão*, 2010; *O mal-estar na cultura*, 2010; *A interpretação dos sonhos*, 2012; *Totem e tabu*, 2013; *Psicologia das massas e análise do eu*, 2013; *Compêndio de psicanálise*, 2014; *Além do princípio de prazer*, 2016; *Inibição, sintoma e medo*, 2016; *Sobre a psicopatologia da vida cotidiana*, 2018; *Da história de uma neurose infantil* [O Homem dos Lobos], 2018; *Fragmentos de uma análise de histeria* [O caso Dora], 2019, todos publicados pela L&PM Editores) e de Karl Kraus (*Aforismos*, Arquipélago, 2010), e cotradutor de Thomas Mann (*Ouvintes alemães!: discursos contra Hitler (1940-1945)*, Jorge Zahar, 2009).

Noemi Moritz Kon é psicanalista, membro do Departamento de Psicanálise do Instituto Sedes Sapientiae, mestre e doutora em psicologia social pelo Instituto de Psicologia da USP e autora de *Freud e seu duplo: reflexões entre psicanálise e arte* (Edusp/Fapesp, 1996/2015); *A viagem: da literatura à psicanálise* (Companhia das Letras, 2003), organizadora de *125 contos de Guy de Maupassant* (Companhia das Letras, 2009) e coorganizadora de *O racismo e o negro no Brasil: questões para a psicanálise* (Perspectiva, 2017). É participante do grupo de pesquisa e trabalho Psicanalista atentas(os) às relações raciais, do instituto AMMA - psique e negritude.

THIAGO P. MAJOLO é psicanalista e mestre em história social pela USP. É membro do Departamento de Psicanálise do Instituto Sedes Sapientiae e membro da comissão de debates da *Revista Percurso*. Sócio-fundador da empresa Ação & Contexto, pela qual foi curador de exposições e autor de livros e coordenador de trabalhos com História Oral. É participante do grupo de pesquisa e trabalho Psicanalista atentas(os) às relações raciais, do instituto AMMA - psique e negritude.

EDSON SOUSA é psicanalista, membro da Associação Psicanalítica de Porto Alegre. É formado em psicologia pela PUC-RS, com mestrado e doutorado pela Universidade de Paris VII, e pós-doutorado pela Universidade de Paris VII e pela École des Hautes Études en Sciences Sociales de Paris. Pesquisador do CNPq, leciona como professor titular do Departamento de Psicanálise e Psicopatologia e no Pós-graduação em Psicanálise: Clínica e Cultura da UFRGS, onde também coordena, com Maria Cristina Poli, o Laboratório de Pesquisa em Psicanálise, Arte e Política. É autor de *Freud* (Abril, 2005), *Uma invenção da utopia* (Lumme, 2007) e *Sigmund Freud* (com Paulo Endo; L&PM, 2009), além de organizador de *Psicanálise e colonização* (Artes e Ofícios, 1999) e *A invenção da vida* (com Elida Tessler e Abrão Slavutzky; Artes e Ofícios, 2001).

Paulo Endo é psicanalista e professor do Instituto de Psicologia da USP, com mestrado pela PUC-SP, doutorado pela USP e pós-doutorado pelo Centro Brasileiro de Análise e Planejamento/CAPES. É pesquisador-colaborador do Laboratório de Pesquisa em Psicanálise, Arte e Política da UFRGS e do Laboratório Interdisciplinar de Pesquisa e Intervenção Social da PUC-Rio. É autor de *A violência no coração da cidade* (Escuta/Fapesp, 2005; prêmio Jabuti 2006) e *Sigmund Freud* (com Edson Sousa; L&PM, 2009), e organizador de *Novas contribuições metapsicológicas à clínica psicanalítica* (Cabral Editora, 2003).

lepmeditores
www.lpm.com.br
o site que conta tudo

IMPRESSÃO:

PALLOTTI
GRÁFICA

Santa Maria - RS | Fone: (55) 3220.4500
www.graficapallotti.com.br